外資系データサイエンティストの知的生産術

DATA SCIENTIST

どこへ行っても通用する人になる

超基本50

著
山本康正
松谷恵

東洋経済新報社

はじめに

数年ほど前から、リーダーや経営者とのミーティングで、このようなことをよく話しています。

「世界の最先端企業では、**優秀なデータサイエンティストの争奪戦**が繰り広げられている」

ビジネス関連のニュースにビッグデータや生成ＡＩという言葉が日々登場するようになり、データ分析チームを抱える企業も続々と増えています。

ただ、そう聞かされても、他人事としか捉えられないビジネスパーソンがほとんどでしょう。

プログラミングを使ったデータ分析なんてしたことがないし、何をどうすればデータ活用になるのかさっぱりわからない。自分には関係ないから社内の担当部署や専門家に任せておけばいい。
そんな風に考えて距離を取っている人のほうが圧倒的多数派かもしれません。

しかし、時代は残酷なほど**劇的でスピーディーに変化**しています。

自分の身の回りを見渡してみてください。
あなたが毎日触れているスマートフォンは、あなたに関するあらゆるデータを日々収集・分析しています。

どこへ行ったのか？
誰と連絡したのか？
何を買ったのか？
何を検索したのか？

行動から思考、画像から音声まで、いまや**身の回りのあらゆるものがデータ化**されつつあるのです。

ＩｏＴでさまざまなものがインターネットでつながり、クラウドが爆発的に普及し、ＡＩの活用が進んだ現在、もはやデータ活用と無関係でいられる業界はほぼ存在しません。データは単なる数字ではなく、企業にとっても個人にとっても**宝の山であり、成長のチャンス**です。

グーグルやマイクロソフト、アマゾンがいまの地位を築いたのは、データという鉱脈にいち早く気づき、活用できたからにほかなりません。

ビジネスを科学する時代がやってきた

テクノロジーの進化によって、一昔前とは比べ物にならないほどさまざまな種類のデータを膨大に収集できる時代になりました。

しかし、収集されたデータはどれほど大量であっても、そのままではただの数字であり、そこには多くの価値はありません。

最も重要なことは、**集めたデータをどう使うか**。

つまり、データを分析してビジネスの意思決定に結びつけるなど、どう活用できるかにすべてがかかっているのです。

そうした背景の中、『ハーバード・ビジネス・レビュー』２０１２年10月号で「21世紀で最もセクシーな職業である」と表現され急速に注目を浴びたのが「データサイエンス」です。

データサイエンスは、その名のとおり**データを科学する**ことです。数学や統計学、機械学習、プログラミングなどの理論を活用して、大量のデータから有益な洞察を導き出し、ビジネスに活用していくことです。

かつてのビジネスは、経験と勘がおおいに物を言う世界でした。ある意味、データを直感で使ってきたと言えるでしょう。もちろん、それらがビジネスを成長させる上で重要な要素であることは変わりませんが、そこに情報科学の進化にともなって増進した最新の分析手法という新たな軸が加わったことは、もはや目をそらせない世界共通の事実です。

いまやハーバードやスタンフォードなどのトップ層のビジネススクールでは、データサイエンスの授業が必修となっています。

働き方の変化はセルフレジから見える

最近、コンビニなどで「セルフレジ」が増えています。

これまでは店員がいることが当たり前だったレジに無人のセルフ決済が導入されたことによって「セルフレジ」という新たな表現が生まれたのです。

消費者からすれば、店員がピッと決済してくれるか、自分で決済するかという違いしかないように思えますが、この変化の裏側にも実は**データの活用が大きく影響**しています。

かつてのコンビニやスーパーマーケットでは店員自身の判断や経験に基づいて商

品を発注していましたが、最近はＡＩを活用した自動発注システムを導入する企業が続々と増えています。

最も客数が増えるのはどの時間帯か？
そのエリア特有の売れ筋商品は何か？
曜日ごとの売上に変動はあるか？
気象条件が販売量にどんな影響を与えるか？

こうした事象との相関・因果関係を解明すべく過去のデータを分析し、さらに現在のデータと自社のシステムと連携させることによって、そのときどきに応じたベストな自動発注が人を介することなく可能になったのです。

売れた分だけ補充するのではなく、データから需要を予測することで最適な量を発注できるようになったことは、小売業にとっては大きな変化です。

こうした事例からもわかるように、データサイエンスの登場によって**ビジネスはより科学的**になっています。

店頭で売上を最大化する最適な割引率はどれくらいか？
どの部署にどれくらいの予算を付けるべきか？
このプロジェクトのゴールをどこに設定するべきか？

ビジネスのあらゆる局面における判断材料となりうることに、データ分析の価値があります。裏付けのある分析結果は、企業の競争力を強化し、マネジメントの最適な意思決定を促進します。
だからこそ、ビジネスを科学するプロであるデータサイエンティストの争奪戦が繰り広げられているのです。

新人からベテランまで一生役立つ知的生産術

今後、テクノロジーの進化のスピードがますます加速していくことは間違いありません。

新しい形のビジネスのあり方、仕事のスタイルへの期待よりも、「次から次へと新しいテクノロジーが登場して正直ついていけない」「ＡＩに仕事を奪われるのでは？」と不安を抱いている人のほうが多数派ではないでしょうか。

しかし、どれだけ画期的な技術が登場しようとも、それはあくまでも手法のアップデートであり、本質的なものではありません。


では、最も重要なことは何か？

それは、あなたの思考と判断に、**どのようなエンジンを据えるか**です。

本書で解説するデータサイエンス思考は、そのエンジンとしてふさわしい役割を必ず果たしてくれるはずです。ただし、データサイエンスは思考だけにとどまりません。現実に実装してこそ、その真価が発揮されます。会社に、社会に、新しい価値を生み出す知的生産術なのです。


本書は、そのために必要なことを、データドリブン企業の最前線で働いてきた二人の経験と知見をもとに、データサイエンスの知識がないビジネスパーソンでも、サステナブルな武器として役立つことを選び抜いて書きました。

第1章では、**データサイエンス思考**ともいうべき、データサイエンティストの基本的な考え方を解説します。この章を読むと、なぜ世界のエリートやトップビジネススクールの学生がデータサイエンスを学ぶのかが理解できます。

第2章では、**インプット**の質を高めるために必要なことを解説します。どのような仮説を立てるか、そのためにどのようなデータを集めるかは、データ分析手法の知識やプログラミングのスキルよりも、幅広いビジネスの知識や知見の厚さによって左右されます。

第3章では、**アウトプット**の質を高めるために必要なことを解説します。アウトプットの本質は行動につながることです。データサイエンスに限らず、いくらインプットの量を増やしても、アイデアは形に、知識は実践しなければ、何かしらの成果を達成することができません。

第4章では、データサイエンスの思考プロセスを効率的に回すエンジンとなる**コミュニケーション**について解説します。データサイエンスは魔法の杖ではありません。価値創造は、データサイエンティストと現場とが連携して実現します。

第5章は、**マインドセット**について解説します。データサイエンスをビジネスに取り込むためには、頭で理解するだけでなく、実際に行動に移すことが大事です。この章を読むと、データサイエンティストの知的生産術を実行して、社会に価値を生み出す人のことが、より想像しやすくなると思います。

また、私たち二人のエピソードやアドバイスをところどころに挟み込んでいます。

もちろん、本書は「誰もがデータサイエンティストを目指すべき」と主張したいわけではありません。

技術が中核となるビジネスを根幹とする会社でも社員全員がエンジニアであるわけではないように、全員がデータサイエンティストになる必要はありません。高度な分析手法や数理モデルを使ったデータ分析は、それを得意とする専門家の知見を借りるべきでしょう。

重要なのは、自分のキャリアを基盤にしながらデータサイエンス思考を身につけ、専門家とともにデータサイエンスを活用して大きなビジネスにつながるかもしれない機会を発見し実践することで、機会損失を最小限にすることです。

もしかすると30年後には、データサイエンティストという肩書は違う名前に変わっているかもしれません。しかし、名前は変わっても、本書で解説する知的生産術のエッセンスは必ず生き残っていくはずです。

テクノロジーがどんなに進化しようと、あなたが、将来に不安を抱くことなく、新たな価値を社会に実装する人であり続ける。本書がそのための一助となることを願っています。

2023年10月

山本康正・松谷 恵

目次

第1章

この基本が付加価値を高める強力な武器になる！

データサイエンス思考

第2章

インプット

仕事ができる人は情報収集を仕組み化する！

第3章

アウトプット

インプットした情報を価値に変える基本ワザ！

第4章 コミュニケーション

IPDACの好循環を生み出す必須スキル！

第5章

マインドセット

働き方も、生き方も、自分で決める人になる指針！

第1章

データサイエンス思考

この基本が付加価値を高める
強力な武器になる！

０１ データをビジネスにつなげる

データ分析チームを抱える大企業が続々と増えており、海外ではすでに国境を越えて優秀なデータサイエンティストの人材争奪戦が激化しています。

数字を見ればそれは明らかです。

国税庁の調査によると、日本人の平均年収は４４３万円です。それに対して、データサイエンティストの年収は調査機関によって違いはあるものの７００万円台が一般的です。

日本でもソニーグループやＮＥＣ、ＮＴＴコミュニケーションズなどの大企業が、データサイエンスの専門技能を持つ人には、初任給から差がつく給与体系を導入しており、**賞与を含めれば年収３０００万円を超える**企業もあります。

重要度
★★★★☆

データサイエンティストは数理モデルや情報科学の素養を持った人材が目指すひとつの新しい職種であり、社会のニーズは急速に高まっていても、**基本的には人材不足**です。業界や国境を越えて、データサイエンティスト、またはそれと能力をほぼ等しくするような人材が求められる時代は今後もしばらく続くでしょう。

企業が求めているのは研究者ではない

一口にデータサイエンティストと言っても、多様なタイプがあります。わかりやすい典型例は、**研究者やエンジニアに近いデータサイエンティスト**です。

大学院などアカデミアで統計学や情報科学を専門的に学び、高度な数理手法を用いてビッグデータを扱い、ビジネス課題を解決、またはサービスの向上を行う。例えばオンライン広告や検索プロバイダーの主となるアルゴリズムの開発などにおいて、ゴリゴリにデータを扱い、深く掘ることに特化している専門家たちです。

おそらく多くの人がイメージするのはこのようなデータサイエンティスト像ではないでしょうか。

しかし、海外の最先端企業を見渡したときに産業を超えて広く求められているもうひとつのタイプとして、**コンサルタントに近いデータサイエンティスト**があります。

企業がデータを収集する際の理由としては第一に、集めたデータを意思決定のための判断材料にすることです。

自社の事業や業務にまつわるあらゆる要素をデータ化し、いままでにない解像度でビジネスを理解することに活用し、自社の状況に合わせて事業の改善や業務の効率化などに適切に取り組んでいかなければなりません。他部署とも連携して、データの価値や分析結果をわかりやすく伝える**コミュニケーション能力**も求められます。

私（松谷）は、元は1つ目のタイプに近いスペシャリストとし

てキャリアをスタートしましたが、近年は主にマネジメントとして社全体のデータ戦略やＡＩの研究開発を専門とし仕事をしてきました。管掌する組織は１つ目のタイプだけでなく２つ目のタイプに相当する領域も含み、データサイエンスの価値の出し方を幅広く経験しています。この本では主に、この２つ目のタイプのデータサイエンティストを前提にお話しできればと思います。

重要度

★★★★☆

データサイエンス思考は誰でも習得できる

「どうすればデータサイエンスの考え方が身につけられますか？」

データサイエンティストの活躍が目立つようになった昨今では、こんな質問をされる機会も増えました。

私たちは、ビジネスパーソンであれば誰でも、いま多くの企業が求めている**デー**

タサイエンス思考を習得することができると思っています。
これまで積み上げてきたキャリアを土台に、データサイエンティストの考え方を掛け合わせることができるようになれば、強力なビジネススキルになるでしょう。

データを分析することで何が見えてくるのか？
どんな仮説が立てられ、何が予測できるのか？
データを、自社のビジネスにどのように活用していくか？

この本で解説するデータサイエンティストの知的生産術を読み進めることで、こうした思考力と実践力が身につくはずです。

あなたの付加価値を高める強力な武器を、もうひとつ増やす。
ここからはそんな気持ちでページをめくってもらえたらと思います。

重要度

★★★☆☆

02 データ分析なしにはSNSもバズらない

データサイエンス思考を肌感覚でつかむには、SNSが最適です。まずは、ビジネスとは関係なくてかまいませんので、個人のインスタグラムやフェイスブックで、いろんなタイプの投稿をしてみてください。

投稿する時間で反応がどう変わったか？
ハッシュタグの数で反応がどう変わったか？
写真のある・なしで反応はどう変わったか？

投稿に対する反応を数字で追うと、何かしらの傾向が見えてくるはずです。

ファンを増やし続けるインフルエンサーの思考法

どんな動画や写真だと反応がよくて、どんな文面や時間帯だと反応が悪いのか。試行錯誤を繰り返しながらフィードバックされた数字を追いかけ、分析しながら、次の企画の方向性を定めていく。

ユーチューバー、ティックトッカー、インスタグラマーなど、ファンを増やし続けるインフルエンサーの多くは、人々や世の中の反応を分析して自分なりのストラテジー（戦略）を立てているのです。

この思考とアクションは、データサイエンティストのそれと似ています。

多忙なビジネスパーソンの多くは、情報を得る（＝インプット）ものとしてSNSを捉えていると思います。確かにそのメリットも大きいのですが、投稿する（＝アウトプット）ことでさまざまな属性のユーザーから即時に**フィードバックが得られ**

ることも大きなメリットです。

もちろん、ＳＮＳをどう使うかはその人の自由です。

ですが、ＳＮＳを利用できるのであれば、データサイエンスの最初のステップとして**「どうすればバズらせることができるのか？」**というミッションをあえて自分に課してみることで、自分事化する。それがデータサイエンス思考を学ぶ近道になるかもしれません。

年収数億円のコーチの思考法

重要度

★★★☆☆

スポーツの世界もデータ分析なしにはいまや成り立ちません。

ブラッド・ピット主演の映画『マネーボール』をご存じでしょうか。

アメリカの弱小球団が選手評価と統計学や確率論をもとに、常勝チームへとのし上がっていく実話をもとにしたヒット作です。

スポーツの世界で勝者となるためにはデータ分析が不可欠な現実を、わかりやすい形でエンタテインメント化しています。

スポーツビジネスが進んでいるアメリカでは、大学スポーツの世界であっても、トップクラスのヘッドコーチの年俸は数億円と言われています。アメリカでは、アメフトやバスケットボールのヘッドコーチのほうが、**大学の学長よりも高給取り**であることも珍しくない、と聞くと多くの日本人は驚くでしょう。

データサイエンスとスポーツは相性抜群であり、近年は日本でもデータを活用した**スポーツアナリティクスの導入**が各競技で進んでいます。センサー、データ分析ソフトの進化とウェアラブルデバイスの普及によって、選手の動きがより詳細に取得できるようになった影響も大きいでしょう。スポーツアナリティクスの市場規模は２０３０年には約57億ドルに成長すると予測されています。もはやどの競技においても、世界的な強豪チームのバックではデータサイエンティストが活躍しつつあると言っても過言ではありません。

重要度

★★★☆☆

03 スキルはトレンド、思考法はサステナブル

テクノロジーの進化によって、誰もがさまざまなデータを大量に収集できるようになりました。また、グーグルアナリティクスのような無料の分析ツールの性能も充実しています。

データを活用し、データサイエンティスト的な思考ができるようになれば、**提供し得る価値の質**は格段に上がります。

これまではベテランの勘と経験のみに頼っていたデータ活用とは縁遠い業界でも、データを活用することで、ビジネスの判断をより安定的、かつサステナブル（持続可能）にスケールする時代がすでに到来しているのです。

デジタルを駆使した酒造りで海外からも評価

職人や伝統工芸の業界と聞けば、データ活用にほど遠い世界と想像する人も多いでしょう。けれども、職人の勘と経験値が物を言う世界だからこそ、データ分析が活きる例もあります。

日本酒好きの方ならご存じかも知れませんが、山口県岩国市に「獺祭《だっさい》」という純米吟醸酒を製造している旭酒造という会社があります。

この酒蔵は、酒造りの最高責任者である杜氏《とうじ》や職人の経験だけに頼るのではなく、デジタル化とデータ活用によって**安定的な高品質を提供**できるようになった事例として有名になりました。

獺祭の製造過程においてはタンク内や現場にセンサーが取り付けられており、分析

重要度
★★★☆☆

データを見ながら発酵時間や温度調整を行っています。

かつては経験豊富な職人のみが会得していた勘や適切な判断が、デジタルに変換されたと見ることもできるでしょう。

製造元である旭酒造のYouTubeチャンネルで製造過程が公開されていますので、興味を持たれた方はぜひ見てください。

獺祭は、フランスで毎年開催されている日本酒コンクール「Kura Master」において、２０１７年から４年連続で金賞に輝いています。

デジタルを駆使し、データ活用を導入した獺祭の製造により、高品質な日本酒を大量に生産できるようになったことが海外展開に結びついているのは確かでしょう。

このように、データ活用は、日本酒造りという**伝統的な現場でも価値を発揮**しています。日常生活により身近なビジネスの現場でも同じことが言えます。

ビジネスは思考の転換でサステナブルに強くなる

２０２２年に、経済産業省はＤＸ（デジタルトランスフォーメーション）を推進する人材の役割や習得すべきスキルの指針として「デジタルスキル標準 ver.01」を公表しました。

デジタルスキル標準では、組織・年代・職種を問わず、すべてのビジネスパーソンが身につけるべき能力・スキルの指針として「ＤＸリテラシー標準」が定められています。

データはあくまでも材料のひとつであり、本質を取り出すならば、新しい技術や手法を学び続け、実際の仕事においては、**自ら仮説を立てて検証する**ことこそがデータサイエンスの意識そして姿勢なのです。

ＤＸリテラシー標準が掲げられたことからもわかるように、もはやデータ活用は専

重要度
★★★☆☆

門家に任せておけばいいという時代ではなくなっています。

すでに社会には幼少の頃からデジタルに晒され最低限のリテラシーを身につけた新卒社員が続々と入社してきているはずです。その中で不利になるのは、データ活用のための基礎スキルにノータッチのままキャリアを重ねてきた中堅社員や上司、管理職などのミドル層です。

いまからデータサイエンスの高度な分析スキルの習得を目指す必要はありません。スキル自体は、いまの環境で最も便利なものとしていつかは移り変わる**トレンド**でしかないからです。

しかし、データサイエンス思考は違います。思考は、どのような環境でも通用する**サステナブル**なものです。

だからこそ、データサイエンス思考を身につける必要性があるのです。あなたがいまどんな仕事をしていても、どんなポジションについていても、何歳であっても、です。

04

データサイエンスは魔法ではない

データサイエンスと聞いて「うん、とっつきやすそうだな」とハードルを低く感じる人はおそらく少数派でしょう。

本章では「データサイエンスとは何か?」「データから何がわかるのか?」という基本的な疑問を掘り下げることで、データサイエンスの利点について語っていきます。

データサイエンスが大きな力となってきた最大の要因は、**実験コストの低価格化**です。

ただし、「とりあえず社内のデータ分析チームに丸投げしよう」「社内にはデータがわかる人がいないから外注しよう」と切り離してしまっては意味がありません。

重要度

★★★☆☆

データサイエンスは魔法ではありません。データを分析さえすれば、課題の解決策がすぐに見つかるわけではないのです。

データ活用プロジェクトに着手すべきは、なぜその分析が必要か、どの状況で使えば有効かなど、**現場を深く理解している人**であるべきです。

「データ分析」でネット検索すれば、構築済みのデータ分析サービスや分析プラットフォームがすぐに見つかります。しかも、すでに世に出ているサービスのいくつかは、データサイエンスの専門知識が少なくても使えるように設計されています。

データ分析の知識がないと臆することなく、まずは試してみてください。

私（松谷）がデータサイエンスの魅力に目覚めたきっかけは、工学分野での研究経験です。もともと数理モデルできれいに事象を説明することに取り組むこと自体に楽しさを感じるタイプだったのですが、NASAラングレー研究所で自動運転の研究を続けていく中で、理論より現実の世界への応用に興味を持つようになりました。

実世界に応用されてこそ価値が出る。ビジネスの成長につながる。そんなデータサイエンスの実学としての側面に感化され、航空宇宙から金融マーケット、eコマースへと広い産業でデータ戦略を実装してきました。

夢の国に学ぶ
データサイエンスの本質

ここで少し視点を変えてみましょう。

私たちは、データサイエンスが**日本企業にこそ効く**と思っています。その大きな理由のひとつに、日本の大企業が代々「暗黙知」を受け継いできたことも無関係ではありません。

長年の経験、ベテランの直感、熟練した職人だけが持つ目。こうした企業の暗黙知を継承していくためには、暗黙の了解とされていた知を目に見える形に変換しなければなりません。

重要度

★★★☆☆

社内のあらゆる部門のオペレーション業務がデジタル化され得る昨今、どの業務がどのように動いているか、いままでにない解像度で理解することが可能です。

このことが企業に利益をたらすことは間違いないはずです。

データで事業や業務を可視化することによってビジネスの解像度が格段に上がるため、企業は次にどのような手を打つべきかがより具体的に見えるようにもなります。

ディズニーランドをはじめとしたアミューズメント施設が、需要に応じて入場価格を変動させる「ダイナミックプライシング」を続々と採用しているのも、データ活用の一例です。

データサイエンスはあらゆるビジネス課題を即座に解決する魔法の杖ではありません。しかし、夢の国の入園料は、需要と供給、そしてあらゆる条件下でのサービスへの満足度などのデータから科学的な裏付けによって決められ、それが夢の国の存続を約束しているのが現実です。

データサイエンス思考ができる人材が増えていけば、あらゆる産業で日本のビジネスはもっとよい方向へと進化していけるはずです。

05 IPDACサイクルを何度も回す

データサイエンティストは、データを活用するプロである。

おそらくここまでは多くの人の想像の範囲内でしょう。

しかし、ビジネスの現場においては、**「実験的思考×高速回転」**の掛け合わせこそが、データサイエンスという実学の最大の強みなのです。

データを収集・分析して、課題を解決または改善するという手法は、流れとしてはシンプルに見えますが、ビジネスの課題はそれ自体が単独で存在していることはまずありえません。つまり、1回限りの分析結果の数値だけで判断できるような状況はごく稀です。

数値の裏側にある業界の前提や背景などを顧みながらデータを読み解いていくことになります。

重要度
★★★★★

実験的思考でポテンシャルを最大化

多くのビジネスパーソンにとっておそらく馴染み深いＰＤＣＡサイクルで考えると、わかりやすくなるかもしれません。

データサイエンティストが実践しているデータをもとに事象を読み解く思考法は**「実験的思考」**とも呼べるもので、計画（Plan）→実行（Do）→検証（Check）→改善（Action）から成るＰＤＣＡサイクルとも一部重なっています。

事業改善のためにＰＤＣＡサイクルを導入している企業はすでに多いでしょう。しかし、現実的にビジネスの現場においては実行（Ｄ）を簡単には実践できない難しさがあります。仮説をもとに何らかの施策を実際に打つには、資金も労力も時間もリスクも要します。

ですが、データサイエンスを活用すれば、与えられた過去の状況下で取得されたデータを分析することで、リアルな実行（D）をすることなく、バーチャルな実行（D）による結果を考察することが可能になり、コスパもタイパも効率化します。現実には難しいバーチャルな実行（D）を幾通りも試すことにより、事業のポテンシャルを最大限に模索することも可能になります。

もちろん実際に実行（D）するのと違い精度などに限界はありますが、コストやリスクを取ることなく課題や現状の解像度が上がるため、効率的に課題解決策を提案できるようになるはずです。

PDCAの強化版！ IPDACサイクル

このような実験的思考をぶれない軸とするために、「ＩＰＤＡＣサイクル」というフレームワークを考えてみることにします。

重要度

★★★★★

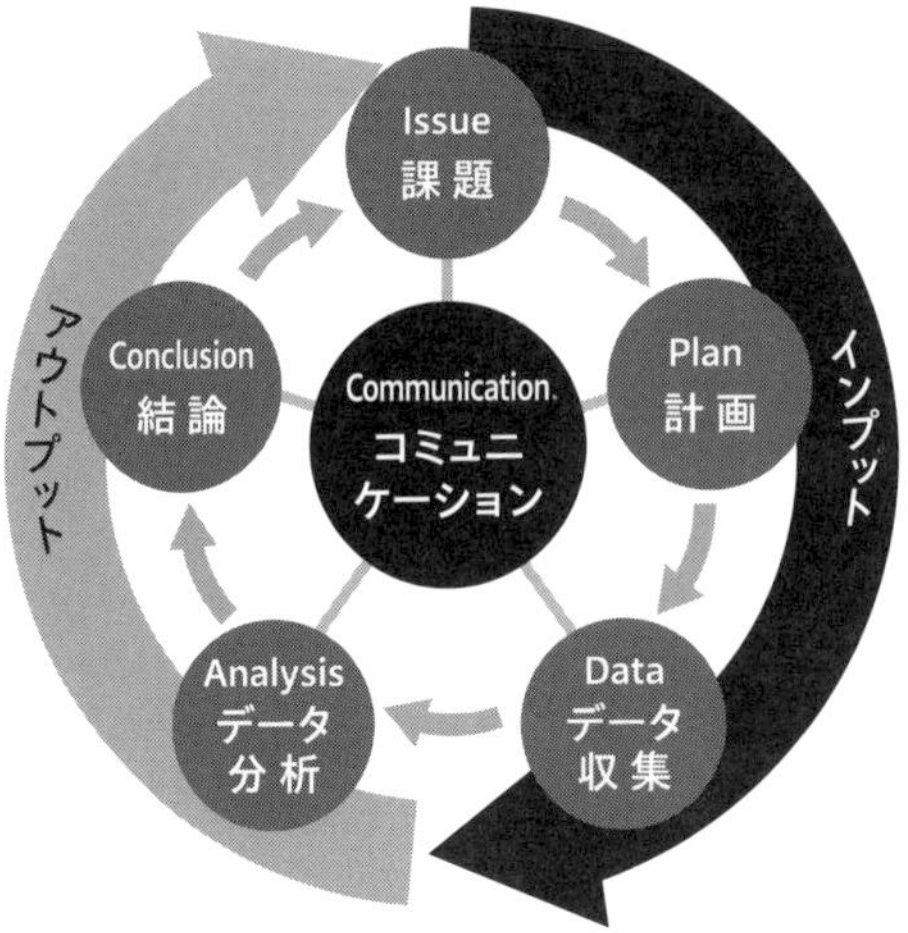

I（Issue／課題）：解決すべき課題を把握する

P（Plan／計画）：仮説を立て分析の計画を立てる

D（Data／データ収集）：分析に必要なデータを収集し整理する

A（Analysis／データ分析）：データをもとに分析し可視化する

C（Conclusion／結論）：分析結果を検証し解決策を提示する

この課題→計画→データ収集→データ分析→結論というサイクルは、一度回せばいいものではなく、**何度も回す**ことで、取り組むべき課題の解像度が高まり、有効な解決策や改善策を提案できるようになります。
こうした実験的思考のサイクルを回すフレームワークこそが、データサイエンスの最大の強みなのです。

コミュニケーションが回転の土台になる

ＩＰＤＡＣサイクルを何度も回して課題設定の深掘りや必要なデータを充足していくことができれば、ビジネスの現場におけるデータ分析のもたらす洞察の価値は格段に上がるはずです。

一方で、ＩＰＤＡＣサイクルを回す上で最も重要な要素は、実は幅広いデータ分析手法・モデルに関する知識や経験などのデータ分析能力だけではありません。それと同じくらい大切なのは、社会人として基本中の基本とも言われる**コミュニケーション**なのです。

重要度

★★★★★

職種としての目新しさと最先端の技術を扱うというイメージばかりに目が行きがちですが、データサイエンティストの業務は、基本的にはどのプロセスにおいても**現場との協業**なしには成り立ちません。

ＩＰＤＡＣの５つのプロセスを見てもらえばわかりますが、すべての工程において、データサイエンティストは現場との協業が求められるのです。

課題設定はマネジメントのプロの仕事、その後の分析はデータのプロの仕事などと分業化するのではなく、それぞれの知見を出し合いながら課題設定から始まる各ステップを共に進めていく。これがデータ活用の真髄と言えるでしょう。

そのプロセスにおいては、経営者、営業担当者、商品開発担当者、マーケティング担当者など、さまざまな現場とのコミュニケーションが必要になります。

単に与えられたデータに対して最新のデータ分析手法を適用するだけでは、ビジネスの本質的な課題解決には至りません。

現場をよく知る経験値とデータサイエンス思考、この両方が組み合わさることで、初めて飛躍的な成果につながるのです。

06 データ活用は課題設定が最重要

データ活用において最も大切なこと、それは「課題設定」です。

どんな課題を解決したいのか？
そのためにどんなデータが必要なのか？
データを集めて何をしたいのか？

まず課題設定が明確でなければ、データを活用して有効な打ち手に辿り着くことはできません。

データ活用は課題設定が最重要。こう言い切っても決して大げさではありません。

重要度
★★★★★

課題設定は地道なヒアリングから始まる

では、データ活用のための課題は、どのように設定すればよいのでしょうか。
基本は**現場のヒアリング**です。

いま、現場はどんな悩みを抱え、何を解決したいのか。データ活用を行いたい場合は、まずこうした現場の状況をできる限りヒアリングしていきましょう。

既存商品のリピート客を増やしたいのか？
新規顧客を獲得したいのか？
新商品開発やリニューアルの方向性を探っているのか？

目指したい場所はどこで、目の前にはどんな壁があるのかを、まずはヒアリングによって探り出すのです。そこからデータ分析をする目的を確かめ合った上で、ひとまずの課題＝ゴールを設定します。

データサイエンスは、問題解決の施策や経営における意思決定に活かせるようになって初めて価値が生まれます。現場とコミュニケーションを重ねることによって、得られる知見が必要です。

データ分析のための適切な課題設定ができるのは、データサイエンティストだけとは限りません。

データサイエンティストは言うまでもなくデータ分析の専門人材です。データ分析はあらゆる業界・領域に応用が効くスキルですが、だからといってデータサイエンティストが**すべての業界の動向や常識を熟知しているわけではない**からです。

データ活用の経験はなくともビジネスをよく知っている現場と、データ分析手法を常にアップデートしているデータサイエンティスト。両者が連携して初めて正しく適切な課題設定ができます。

データ分析やリサーチの目的は課題の解決であるはずです。その点をまずは十分に

重要度

★★★★★

理解しておきましょう。

データサイエンスの領域では、データ分析のための強力かつ新しい分析手法が日々生まれています。優秀なデータサイエンティストほど分析手法の引き出しが多く、また新しい手法にも敏感です。

一方で、分析手法オタクの未熟な自称データサイエンティストがいたとして、その人に丸投げすると何が起きると思いますか？　その業界の事情をよく理解することなく、ピントの合わない課題を勝手に設定し、高度な分析手法を得意げに用いて、現場が求める課題解決とはまったくマッチしていない結論を出してくる。こうした悲劇がしばしば起こります。当然、その提案をもとに施策を打っても成果が出るわけがありません。

いかに分析するかではなく、いかに活用するか

重要なことはデータをどう「分析」するかではなく、どう「活用」するかです。

そのためには、いまあるデータ云々はいったん脇において、**課題の洗い出し**から始めていきましょう。

例えば、商品開発部の課題解決に乗り出すのであれば、現場と一緒になって課題を洗い出し、ひとまず設定するのがファーストステップです。

一緒に課題を洗い出すことで、データサイエンティストは業界の事情や現場のリアルな課題感を理解できるようになります。また、商品開発部はデータから何が見え得るか、どんな価値があるのかを実感できるようになります。

最初の段階から、両者がデータサイエンスの思考プロセスでゴールに向かって仕事を進められるようになるのです。

重要度
★★★☆☆

07 データで属人性を取り除く

データのいいところは、個人の能力や経験値、センス、好き嫌いなどの主観をデータという裏付けによって少なくすることができる点です。

ここにビジネスでデータを活用する価値があります。

データはビジネスに強力に効く。データを読み解き、再現可能なルールを見出せば、より確度の高い施策を打ち出せるようになる。このようなデータの価値にいち早く気づき、意思決定に取り入れたのがグーグルやアマゾンなどのビッグテックです。

２０２０年代のいま、競争が激しいアメリカ社会を生き残ってきた企業で、データ分析をビジネスに取り入れていないところはほとんどないでしょう。

図表やグラフは直感的な理解を促す共通言語

ビッグテックはそもそもデータとの親和性が高い特性があります。ウェブ業界のようにデジタルデータが自然に集まる環境にあったため、そこにさまざまな高度な手法を掛け合わせてガンガン成長することができた。最先端の技術を実世界で実装できる可能性があるとなれば、優秀なデータサイエンティストやリサーチャー、エンジニアも集まる。普通の企業が真似をしようと思っても、そうできることではありません。

ある程度の規模がある大企業であれば、社内にデータ分析チームを設けることも可能でしょう。

けれども、データ分析チームと各部署との連携は一朝一夕では成り立ちませんから、成果が出るまでにはやはり時間がかかります。

業界の仕組みや特性を理解した上での分析・提案でなければ成果に直結しないから

です。外部の専門人材に委託する場合はなおさらでしょう。
相互理解と連携を進めるためには、お互いに伝えたいことを数字で伝えることが**最も合理的な近道**になります。

データ分析の結果を補佐する図表やグラフ、ビジュアルは、**直感的な理解を促す**ためのいわば共通言語です。

例えば、社内会議でぜひとも通したい企画があるとき、その提案のためのプレゼン資料にデータや数字を用いない人はほとんどいません。用いる数字やデータは、他者を説得するための**客観的な根拠**になり得るものであり、意思決定に欠かせない**判断材料**だからです。

重要度

★★★☆☆

ビジョンを共有する仲間になる

「餅は餅屋」とばかりにシステム開発をＩＴ企業に丸投げする感覚で、「データ分析も専門家に任せよう」と自分たちから切り離していては、いつまで経ってもデータ分析は他人事のままでしょう。

「こちらがクライアントなのだから」「結果だけ教えてください」「課題の解決法を教えてください」といった他人意識を持ち込んでいては、成果につながるデータ活用にはなかなか至らないでしょう。

データサイエンティストのものの見方、データの読み方を学び、**自分事として咀嚼**していく。その意識なしには、専門家との連携も実を結びません。

自分事としてデータに取り組むことができるようになれば、**データ分析の専門人材との連携**はよりスムーズになります。

日本は何かと丸投げするベンダー文化が強すぎる傾向にありますが、**自分の領域ではないと決めつける思考から脱却**し、ビジョンを共有する対等なパートナーシップが構築できて初めて、データ活用の効力は発揮されます。

重要度

★★★★☆

08

デジタル化を進めて解像度を上げる

データを活用する大きなメリットのひとつは、目の前の事業や業務の解像度が格段に引き上げられることです。課題を把握し、仮説を立て、データを用いて検証する。こうしたデータリテラシーの力が身につけば、自社のビジネスを見る目が変わります。現実世界をデジタルデータに落とし込んで眺めることで、**数字からストーリーが見えてくる**と言い換えてもいいでしょう。

ではどうすれば、データリテラシーを鍛え上げられるのか？

具体的には、目の前の事象に対して、「何が起きたのか？」「なぜそうなったのか？」「どうすればいいのか？」と問い掛けていくことが効果的です。

データリテラシーを高める3つの問い掛け

それぞれを解説していきましょう。

問い掛け❶ 何が起きたのか？（把握）

まずは集めたデータをもとに課題の事実確認を行いましょう。あなたが新商品の開発担当者であれば、自社の既存商品のどこに顧客は不満を持っているのか、顧客は誰なのか、競合他社と比べてどのような位置にいるのかを精査しましょう。

問い掛け❷ なぜそうなったのか？（因果）

課題を一旦把握できたら、次はＷＨＹを考える番です。なぜそうなっているのか、

重要度

★★★★☆

売上が落ちたのは商品改変のインパクトなのか……、全体の傾向をつかみ、因果関係をデータから明らかにしていきます。ただし、多くの場合、実際の要因は複合的であり、因果関係の証明は難しいものです。すぐに理由を決めつけるのではなく、「可能性がありそうなものを洗い出していく」ようなイメージが近いです。

問い掛け❸ どうすればいいのか？（予測・提案）

データ全体の傾向と特徴をつかみながら相関関係や因果関係の可能性を読み取ることで、次に取るべき一手が考えやすくなります。新商品開発であれば、新規顧客がどの程度見込めそうか、獲得しやすい特性は何かがある程度予測できるはずです。

最後は予測をもとにした提案です。具体的な展開方法と施策を打ち出しましょう。

最も大事なことは、これら3つの問い掛けを継続することです。新たなデータが取得されることで、それぞれの問いに対する洞察は深く、精度は高くなります。結果、自社のビジネスの解像度が高まり、打ち出す施策の有効性は上がります。

直感や経験とデータ活用は相反しない

一方で、人間の直感や経験則の価値が失われたわけではありません。

時代の空気を肌で知る若い世代や現場経験が長いベテラン、そうした時流や現場をよく知る人の**直感が価値を生み出す**場面は今後も変わらずあるでしょう。このやり方をデータサイエンスとは対照的にヒューリスティックス（利用可能性）手法と言います。

直感は、論理を積み重ねたデータサイエンスとは真逆の位置にあると思われるかもしれませんが、実は両者はさほど相反するものではありません。

むしろ、直感によって打ち手を絞り込むことによって、大事な場面での意思決定に集中しやすくなるメリットもあります。

重要度

★★★★☆

09 因果推論で成功の再現性を高める

皇居ランを趣味にしている人は、年収が高い。
ライターの所持者は、肺がん罹患率も高い。

「へえ、そうなんだ!」と素直に驚いた人は要注意です。**相関関係と因果関係を混同**しやすい傾向があるかもしれません。

前項で取り上げたデータリテラシーを高める3つの問い掛けでも因果関係と相関関係について軽く触れましたが、これらは似ているようで実は違うという落とし穴があります。

皇居ランを趣味にすると年収が上がる？

「皇居ランナーの大半は年収が高い」という調査結果は確かに存在します。

では、「皇居ランを趣味にすれば年収が上がる」という仮説は成り立つでしょうか？

そもそも皇居ランを趣味にできるのは、皇居にアクセスが容易な都心に住んでおり、健康への意識も高く、生活に余裕があるからこそ、という理由が大いに考えられます。

「皇居ラン」と「高年収」は何らかの相関関係があっても、因果関係はないのです。

よって「年収を上げたいなら皇居ランをすればいい」とはなりません。

ライターと肺がんの関係性も同じことが言えます。

ライターを所持しているから、肺がんになりやすくなるわけではありません。ライターを所持している人は喫煙習慣があることが多いため、肺がんになるリスクも高い

重要度

★★★★☆

傾向にある。肺がんという結果をもたらしている原因は、ライターではなく喫煙習慣であると考えるのが妥当でしょう。

データから安直に結論を出そうとすると、しばしばこのような間違いが起きてしまいがちです。

観察されたデータから因果関係を見つける

一見すると正しそうだが、事実ではない。相関関係にあるが、因果関係にはない。複雑で変化に富んでいる私たちの社会は、こうした事象にあふれています。データだけで説明できるシンプルな事象など、現実にはほとんどありません。

けれども、事象を観察することで「AとBの間には、もしかするとCという因子が隠れているのでは？」と気づく確率は上げられます。

観察されたデータから因果関係を見つける手法を、統計学の世界では**「因果推論」**と言います。

例えば、あるコンビニでアイスクリームがいつもの3倍売れた日があったとします。なぜ、その日に限ってアイスクリームが爆発的に売れたのか？　売上の数字を見た人は考えます。

たまたまその日が暑かったから？

そうかもしれません。

人気メディアで取り上げられたから？
SNSで偶然バズったから？
近くで大規模なスポーツイベントが開催されたから？

他にも可能性が考えられるでしょう。
データ分析によってその因果関係を明らかにし、同じような条件を揃えることができれば、売上アップが見込めるかもしれません。

重要度

★★★★☆

私（松谷）は前職で日本最大級eコマースプラットフォームにおいてCSOとしてデータ戦略・AI研究開発を推進していました。

そこで立ち上げたイェール大学助教授の成田悠輔氏との産学連携共同研究プロジェクトこそが、まさにこの「因果推論」をテーマにしたものでした。

例えとして、例えば新たなマーケティング施策を打って様子を見るという試みはコストも手間もかかる作業です。かつ、ビジネスの領域であれば、経営リスクの観点でも実際に変更を簡単に実装するわけにもいかない場面のほうが多い。ならば因果推論の手法を用いることで、あたかも新たなビジネスの打ち手を実際に講じた場合の成果を仮想的に評価できる仕組みがつくれないか、という試みです。

「社会的意思決定アルゴリズムのオープンソース開発&実装基盤」と名付けた同研究は、第3回日本オープンイノベーション大賞内閣総理大臣賞を受賞していますので、ご興味ある方はぜひ検索してみてください。

10 現場の肌感覚をバカにしない

データサイエンティストは、高度な分析手法やモデルを用いてデータを分析するプロフェッショナル人材です。

しかし、優れたデータサイエンティストがいれば、ビジネスの課題が即解決するわけではありません。専門人材の分析結果を踏まえた施策を打ち出したものの、まったく成果が出なかった、という残念な事例も実は珍しくありません。

先述したように、データサイエンティストがデータを分析するスキルや手法の知識を持っていても、**ビジネス領域に関する知識**が欠如していると、適切な分析には結びつきにくいからです。

重要度
★★★★☆

現場の知見こそが違和感を浮かび上がらせる

課題設定とデータ分析を進めていくにあたっては、データ分析はデータサイエンティスト、課題設定と解釈は現場ときっぱり切り離されるものではありません。

課題設定をどうするか、そのためにどのようなデータを取得しなくてはならないかなど、現場とデータサイエンティストはスタート地点から意見交換をしながら協働していかなければなりません。

現場経験によって身につく肌感覚や知見は、どうしたって一朝一夕では手に入らないからです。

だからこそ、データ分析のプロと一旦の分析結果を見たときに、現場の人が「うまく言えないが、そこがポイントではない気がする」と違和感を抱いたときには、じっくりとその理由を共に掘り下げてみてください。

その人自身の中に蓄積された過去の経験値もまた、ある意味では豊富な**個のデータベース**です。

これまでは言語化しづらかった直感や肌感覚を補強するための材料として、ぜひデータの力を活用していきましょう。

このときに、**お互いへのリスペクト**を前提として課題意識を共有していけるかが重要なポイントです。

航空業界、金融マーケット、そしてeコマース。

いずれの領域でも共通して実感するのは、やはり現場をよく知る人の知見や経験、物事の捉え方や見方がおおいに参考になるということです。ですから、新しい業界に入った際には、必要な知識のキャッチアップのために専門書や文献にあたるだけでなく、実際に現場の人材や同じ領域のデータサイエンティストにヒアリングし、その業界ならではの数字感や現場の肌感覚も理解することを心がけています。

重要度

★★★★☆

データサイエンスと肌感覚の掛け算

肌感覚のみによる判断、長年の経験のみを根拠とした意見は、あくまでその人の主観に基づいたものです。小さな組織のワンマン社長であれば、直感や肌感覚を根拠に押し通せる場面もあるでしょう。

しかし、肌感覚は周囲とは共有しづらい主観です。根拠を示せない経験だけを頼りにしていては、その組織の中には「再現可能な成功事例」がいつまで経っても蓄積されません。データサイエンスと現場の知見とをいかにうまく組み合わせるかが、**データ活用の核**と言えるでしょう。

その業界や事業における知見のある人がデータサイエンス思考を身につければ、「このデータを活かしてダイレクトマーケティングを打てば、いまよりX％ほど売上を伸ばせるのでは？」といった具体的な打ち手が浮かぶようになるでしょう。

11 限りある時間と予算でこれまでの限界を超える

データサイエンス思考は、いまの時代に最もマッチした、**応用範囲の広い強力な武器**の一種です。

この武器をうまく活用できるようになれば、ビジネスの可能性は格段に広がっていくでしょう。

先ほど「データサイエンスは魔法ではない」と述べましたが、適切に活用できるようになれば、それまでは気づかなかったビジネスの規則性や成功事例の重要な要素、事象の裏に潜んでいる知見を掘り起こせるなくてはならない武器のような存在になってくれます。

重要度

★★★☆☆

潤沢な資金がなくても大量のデータに触れられる

データサイエンティストを志す人だけでなく、データ分析チームと組んで価値を創出することを業務で求められる人など、データサイエンスにかかわる人は、今後は飛躍的に増え続けていくでしょう。

それと同時に切実に求められるのが、データサイエンス思考を習得して、かつ現場や事業のこともよく知る人材です。

事業や業務に関するあらゆるデータを収集し、活用する体制（システムと組織、人材）を整備するには、時間もコストも相当かかります。データ分析の専門チームを置けるのは、資金が潤沢な一部の大企業に限定されるのが現実です。

一方で、現代は誰もが簡単にツールを使って、大量のデータに触れることができる時代になりました。

手軽な例としては「グーグルトレンド」に検索キーワードを入力すれば、自社に関連する商品や周辺のキーワードがどれくらい検索されているのか、一日でわかります。

自社の公式サイトが、どのような人に、どれくらい見られているかを確かめたいときには、「グーグルアナリティクス」でユーザーの年齢や性別などの属性、ページごとの滞在時間などが把握できます。

これもまた立派な**データ分析の最初のステップ**です。

まずは無料ツールで データ分析の感覚をつかむ

最初からデータ分析の専門家に任せようと丸投げする前に、まずは無料であったり安価に使えるデータ分析のツールを使って自分で手を動かしてデータに触れてみましょう。

「ここまでできるのか！」という手応えが感じられるはずです。

重要度

★★★☆☆

最初のうちは最低限のツールを、とりあえず色々と触ってみるだけで十分です。

売上データを他のデータと突き合わせてみる。

アンケートの集計結果をさまざまな角度で表してみる。

このようなことも、データ分析の感覚をつかむためのよい機会になるでしょう。

自分の手を動かして整理したデータを眺めているうちに、例えば「こうすれば、業務はもっと効率化できる」といった気付きがあったり、「これは因果関係なのか、それとも単なる相関関係なのか？」という疑問が湧いてきたりするはずです。

その発見や疑問を軸に、今度は自分なりの仮説を立て、それが本当に正しいのかを検証していきましょう。

このとき、できればデータ分析に詳しい同僚や知人にアドバイスを求め、バイアスがかかっていないかなど、チェックしてもらうことをお勧めします。

私（山本）の経験から、プロのデータサイエンティストを目指すわけではないのであれば、データ分析は断然、理論よりも実地での習得をお勧めします。まずはとにかく手を動かし、数字を扱う。これに勝る習得ルートはありません。データ分析は自転車の乗り方と一緒です。理論ばかりを頭に入れても、実際に体を動かしてみなければ「こういうことか」という実感がいつまで経っても得られません。

第2章

インプット

仕事ができる人は情報収集を仕組み化する！

12 データの9割は使えない

インターネットの登場によって情報の量は指数関数的に伸びました。ＧＡＦＡの著しい成長のバックボーンにあるのがビッグデータの活用であることを否定する人はいないでしょう。

そうとわかっていても、「自社にはビッグデータなんてないから、データサイエンスを取り入れる土壌がそもそもない」と思い込んで足踏みしている企業は案外多いのではないでしょうか。

ですが、ちょっと考えてみてください。そもそもビッグデータとは何でしょう？ビッグデータとはその名の通り、巨大なデータ群です。ただし、単に量が多いデータ

重要度

★★★☆☆

という意味ではありません。ビッグデータは日々生成される**多種多様なデータ群**のことで、量だけでなく、種類の多さ、発生速度の高さという素質を兼ね備えています。

ゴミを入れれば、ゴミが出てくる

データサイエンスの世界でよく言われる言葉があります。

Garbage in, Garbage out!

直訳すると、「ゴミを入れれば、ゴミが出てくる」です。つまり、いくら膨大な量のデータがあっても、目的の本質を外したデータしかない場合、最新の分析ツールを駆使しても有用な分析結果は得られないということです。

もちろんビッグデータはさまざまな課題に対する解決の糸口や知見の発見の可能

性をひめた宝の山です。一方で、ビッグデータを単に量が多ければいいと考えていると、ゴミの山が積み上がっていく結果となるのです。

取得されるデータが増え続けると、エラーや無関係なデータも多くなります。そもそもの目的に対し、どういったデータが必要か。分析にあたって、まずデータ要件定義をきちんと行うことが大事です。

その上で、取得された生のデータに含まれる必要のないデータ、破損したデータ、不正確なデータを特定し、整理する「データクレンジング」が必要となります。この作業を怠ると、分析の信頼性や一貫性が保証されないため、意味のない結論に導かれてしまうことも起こり得るわけです。

データの取捨選択には相応のスキルと経験が必要ですが、そのハードルの高さを遠目に見ているだけでは、データ活用はいつまで経っても向こう岸の出来事にしか思えないでしょう。そこで、重要になってくるのが、**探索の力**なのです。

ここでの探索とは、大量のデータから必要なデータを見抜く眼を養うために単に正解を習うよりも、ある程度試行錯誤して仮説の精度を上げるサイクルです。

重要度

★★★☆☆

語学と同じで、やらなくても近未来では困らないが、長期的には確実に困るであろう分野において、習ったものをただ丸覚えするよりは、読む、聞く、知る、出会うなど、外の世界から入ってくる新しい情報をかき分けて、役に立つものを選別し、生かさなければ、本当の学びは始まりません。新しい知識をつかみ取り、実践に活かそうという好奇心、さまざまな試みを実際に実行し探索してみようという意欲が不可欠になります。

いかなる天才であろうとも、最初からなんでもできるわけではありません。苦労を見せなくともその裏で膨大な試行錯誤を繰り返し、**経験と知識のストック**を厚くしているからこそ、その域に達しているように見えるわけです。

探索の力を高めることは、データ活用の基点にもなりえます。

材料（データ）の前提条件やそれを取り巻く環境を背景に、常によりよい方法はないかと探索しなければ、データサイエンティストは適切な分析も判断も考察もできません。

ビッグデータという流行り言葉にまどわされず、まずは身近にある小さな関心事を掘り起こし、インプットすることから始めましょう。

「青い鳥」という有名な童話があります。幼い兄妹が幸福の象徴である青い鳥を探して旅をするのですが、結局のところ青い鳥は自分たちの家の鳥籠にいた、というお話です。データ活用もこの青い鳥のようなものではないでしょうか。センサーや計算機の発展によって増え続けるビッグデータも活用できなければただの数字です。しかし、身近なデータの中に潜む傾向や法則を発見できるようになれば、必ずビジネスに役立つスキルになります。宝を見つけ出せるかどうかは、最終的にはその人のセンスと経験次第です。

グーグルの20%ルールの目的は何か？

私（山本）がかつて勤めていたグーグルには、「**20%ルール**」という独自の文化

重要度

★★★☆☆

が存在しました。これは、1日の業務時間のうち20％の時間を、仕事に関係なく自分の好きなことに自由に使ってよいという文化です。

つまり、1日の勤務時間が8時間であれば、90分は自由なプロジェクトにあててOKということです。実際には、8時間以上、１００％以上の時間は仕事をやりきった上で、さらに20％をやるということから、「１２０％ルール」とも呼ばれます。読書やスキルアップ、自主的なプロジェクトの立ち上げや参加などがあります。

この20％ルールこそが、同社の**イノベーション創出を後押し**した一因であると言われています。

見方を変えれば、この20％ルールの本質は、組織による個々の社員への「探索の促進」です。

既存の業務以外に目を向ける時間をつくるということは、新しい情報をインプットすることによって自らのうちに新たな視点を獲得し、**視野を広げる**ことと同じです。それが巡り巡って組織の生産性向上やイノベーション創出にもつながっていきます。

13 わかったふりがすべてを台無しにする

外国語の勉強やプログラミング講座に通うなど、新しいジャンルのインプットを始めると、誰しも必ずどこかで「わからないの壁」にぶつかります。データサイエンスであれば、情報科学の基礎がある人を除いてほとんどの人がそうでしょう。

最近になって必要性が強調されている「リスキリング」も**未知の学びに挑戦**する意味合いのほうが実は強いです。「学び直し」と聞くと既存の学びを再度深めるような印象を受けますが、10年前の大学の最先端知識と言われていたことでさえ、新しい知識で更新されているからです。

新しい知識をインプットしていく過程では、わからないの壁にもぶつかるでしょう。このとき、どう向き合うかによって学びの質は大きく変わります。

重要度

★★★★☆

優秀な人ほど「わからない」と素直に言える

データサイエンスに限らず、インプットの過程で大切なことのひとつに、「**わかったふりをしない**」があります。

自分にも、他人にもわかったふりをしない。

「よく理解できないので教えてもらえませんか」と素直に聞いてみる。

このアクションができるか否かが、その後にインプットとアウトプットの好循環をつくれるかに直結しています。

たとえば、ビジネスの現場で専門職の人とコミュニケーションを取るとき、事前に検索や本でわかることは理解した上で、相手が話した専門用語の意味がわからないと感じたら、

「それはどういう意味ですか？」

と素直にその場で聞くクセをつけましょう。

「あとでこっそり調べればいい」といったん脳内で保留し、わかったふりをしたまま対話を続けても、その先の内容の理解が深まりません。当然、議論も活発にはならないでしょう。

そして、これは多くの読者が直感的に理解してくれるだろうと思いますが、「わかっているふり」は相手にもなんとなく伝わります。

わかっているふりは**興味のなさの裏返し**でもあります。人間は意外と敏感です。目の前の相手が自分の分野に興味があるのかないのか、ないけれどもそれをうまく隠しているのかを意外と見抜けるのです。

そうした振る舞いは、長期的な人間関係にも影を落としてしまうかもしれません。

重要度
★★★★☆

素直な人が生み出す3つのメリット

「わからないので教えてほしい」と素直に言う。これによって3つのメリットが生まれます。

メリット❶ ポジティブな意思表明として機能する

「わからない」と口に出すことで、「あなたの話を聞いている。だから教えてほしい」というポジティブな学びの姿勢が相手に伝わります。

わかったふりをしてやり過ごす受け身の学びは、なかなか成果につながりません。けれども自分から質問したことに他者から答えが返ってくると、理解の深度が変わります。

自分で検索することと、他人に教えてもらうこと。これらは両方必要です。検索してなんとなく意味をつかみ、それをミーティングで上司に説明してもらった（もしくはその逆の順序でも）、との体験が伴えば、理解は確実に深まります。

メリット❷ 話し手へのフィードバックになる

「専門外の人たちに伝えるときは、この専門用語を使うとわかりづらくなってしまうのか」「この知識を前提に話した自分たちの認識が間違っていたな」という意識改革につながります。

　専門用語を使わずに、どこまで噛み砕いてやさしく語れるか。自分の前提条件と相手の前提条件のギャップをどれだけ正確に測れるか。さまざまな事業間を行き来するデータサイエンティストであれば、最初のミーティングでそのギャップをすり合わせ、コミュニケーションにおいて用いる言葉を調整します。

メリット❸ 周囲から密かに感謝される

「実は自分も知りたいと思っていたが口に出しづらかった」と感じていた他の人から

重要度

★★★★☆

すれば、あなたが素直に質問してくれたことは感謝の対象になります。

外聞やプライドが邪魔をしがちな大人の世界においては「わからないと実直に言えるスキル」は、あなたが思っている以上に実は価値が高いのです。

とは言え、「わからないことは何度でも教えてもらおう」となると、それは相手の時間や経験を奪うことになり、場合によっては敬遠される原因になります。

一度質問して教えてもらったことは、その場でしっかり理解し、メモをとっておく。

理解が不十分だと思ったら文献にあたるなど自分なりに後で調べる。

誰かに質問する際には、それくらいの意識で説明を聞きましょう。しばらく経ってからまた同じ質問をするのは、相手の時間を無駄に奪う行為です。一度聞いたら、二度と同じ質問はしない。その意識は徹底してください。

また、あまりにも簡単な質問は逆効果です。質問は粒度・バランスを考えてから聞くようにしましょう。場数を踏んで磨いた質問力は、大きな武器になります。

14

社内の技術者と協働して学ぶ

ここ数年、データサイエンスの基礎を学べるオンライン講座やデータ活用のスキルアップのためのオンライン教材などが格段に充実してきました。

いまやハーバードなどの有名大学の授業が日本語翻訳字幕で受けられます。総務省統計局が提供する「社会人のためのデータサイエンス入門」は、受講料無料でデータ分析の基礎を学べるオンライン講座として人気です。他にもさまざまな学びのニーズに対応した質の高いコンテンツが続々と登場しています。

一方で、外にばかり目を向けるあまり、足元を見落としている人が多いように感じられます。

もしもあなたがデータ活用のエッセンスを学びたいと思っているのであれば、まず

重要度
★★★☆☆

は社内の技術者やＩＴ人材、それに近い部署にいる人に話を聞いてみることをお勧めします。エンジニアと直接言葉を交わすことは、データサイエンスの学びを始めていく上でもとても有効なインプットになるはずです。

自社の事例で学んで知識を自分事化する

データ活用に興味があるのであれば、一般的なデータ分析の手法を体系的に学び始めると同時に、自社や自分の業界の成功事例やデータ活用事例など**具体例として話を聞く**のが一番です。

ある程度の規模がある企業であれば、データサイエンス専門チームとまではいかなくとも、社内のエンジニアがそれに近い取り組みをしている可能性もあります。

「うちの会社ってどんな風にしてデータ活用しているんですか？」
「データ分析の基本を学ぼうと思ったら、初心者にお薦めの本はありますか？」

といった雑談の延長線上の感覚で、まずは気軽に聞いてみてください。自分の足元からの学びは、知識を自分事化するための最短ルートです。

近年、データサイエンスという言葉と概念が、ある種のトレンドとして先行している感は否めません。しかし、「データを活用して、科学的にビジネスに取り組みましょう」という手法や姿勢であって、何もかもが最先端で構成された未知の学問というわけではありません。

むしろ、根底の考え方はエンジニアリングと同じです。

だからこそ、同じく技術を根幹としてビジネスに取り組むエンジニアとコミュニケーションを取ることは参考になるはずです。

エンジニアをはじめとする技術系に関しては、産業ごとにまったく違っているということはなく、本質的には**共通言語がたくさんある**領域です。表面に見える専門領域や職種、業務が違っていても、中で使われている言葉は共通している部分も多い。ぼんやりとした遠くの専門家に話を聞きに行く前に、まずは近くのエンジニアに

重要度

★★★☆☆

話しかけてみる。そのほうが実感と温度を伴った理解が深まるはずです。

「社内のエンジニアには聞きづらい」「雑談できるほどの距離感ではない」というのであれば、**学生時代の友人**で、技術科学系の領域に進んだ人をたどって聞いてみるのがお勧めです。

データサイエンスやそれに近い専門職の友人知人がいないと思った人も、フェイスブックやSNSをざっと辿れば必ず誰かしら行き当たるはずです。

新しい学びで大切なのは「受け身で教わる」のではなく、「自分から聞きに行く」姿勢です。ただし、手ぶらで「教えて」とただ乞うのは言うまでもなくNG。興味を持ち、自分なりに調べてから聞くことが最低限のマナーです。

私（松谷）も、新しい産業や事業に移るときには友人知人やそのネットワークをたどって相談し、新しい応用分野に移る前に前提知識や現状を知ることができました。もちろん、事前に本などで基本については勉強し、その上でより理解を深めるのが目的です。何を質問するかの

準備も重要です。気心の知れた学生時代からの友人で、かつ現在は自分とは異なる分野の知見・経験を持つ人との会話は、多彩な視点をもたらしてくれます。

異なる年代、業界の人と意見交換をしよう

社内の技術者に聞きに行くとき、40代以上の人であれば自分よりも年下の世代に、逆に20代、30代の人であれば40代以上の人にも話を聞きに行くことをお勧めします。

異なる年代、属性、業界の人と向き合い、**フラットな対話ができる関係性**を構築することは、データ活用の現場においても重要だからです。

日本企業は縦の人間関係によって支えられる部分がいまだに大きな割合を占めていますが、社内の上下関係が入り込むとフラットな対話は当然遠ざかります。

重要度

★★★☆☆

あと少し、ぐっと踏み込んで意見を出し合えば、「ああ、こういう分析もできるかもね」「じゃあこうしたらどうでしょう?」という有益な議論ができるはずなのに、年齢や肩書きによって、その可能性の芽はどんどん潰されます。

データを活用することの最大の価値は、データをもとにしてビジネスの課題解決や事業の成長が可能になることです。**異なるバックグラウンド**を持つ人同士が互いに敬意を払い、認識をすり合わせ、活発に意見を交換する。そうしたコミュニケーションの素地がしっかりとできれば、データ活用の可能性は一気に広がります。

他者からのインプットは、その起点となる大切な機会です。

インプットの量が増えれば増えるほど、情報の母数が高まり、観察力は磨かれます。「こうなればいいのにな」という自分本位の希望的観測ではなく、客観的な視点も養われていきます。

そうして得た新しい学びや視点を自分の中にインプットし、できればその後に自分の身近でも当てはまる事象を探してみる。継続と繰り返しは、新しい学びを自分自身の中に定着させてくれます。

15 アジェンダなき会議は時間の無駄

会議やミーティングもまた、インプットの力を鍛える絶好の場です。

ところが、データをどう活用するか悩む以前に、このチャンスを棒に振っている組織が多すぎるようです。

では、会議やミーティングで、インプットの質を高めるためには、どのようなことが必要なのでしょうか。

会議やミーティングには、課題や情報の共有、進捗の報告、意思決定、業務改善の提案などの多様な側面がありますが、そこには常にアジェンダ（議題）が存在すべきです。

目的が存在しない会議に意味はありませんから、どれほど小さなミーティングであってもまずはアジェンダを設定することを意識するようにしましょう。

重要度
★★★☆☆

質問がインプットの質を高める

定例会議であっても、とりあえず開いている会議は時間の無駄です。他者との信頼関係の構築においては雑談や余白も必要ですが、業務のミーティングに関しては**ミーティングの価値**のみを純粋にジャッジすべきでしょう。

議題は何か、ゴールはどこかを明確に設定し、必要に応じて共有しましょう。顔合わせやご挨拶のような儀礼的な場であっても、必ずそこに本質的なアジェンダを添える意識が大切です。

ミーティングで使う資料は可能な場合は事前に共有して、目を通せるようにすると効率的です。自分なりに見通しをつけた上で仮説を立て、意見や内容に関連しそうな材料、建設的な質問を洗い出しておけたらベストです。

アジェンダとなっている課題に対しどう取り組むのか？
どのような事例が参考になるのか？
他社や他業種の先行事例で言及すべきポイントは何か？
メンバーと共有できる参考資料はあるか？

時間が来たから入室し、時間になったから退室する。対面・オンラインともにミーティングや会議におけるスタンスがこれでは、いつまで経っても当事者意識は生まれません。

「上司に指示されたから」「定例会議だから」と受け身で参加するのではなく、事前に自分なりの理解と仮説を立て、それをもとにした質問を含むプラスアルファの寄与を用意してから臨むことで、インプットの質は高まります。

重要度

★★★☆☆

「質問がない」は社会人としてありえない

「何か質問はありますか？」

講義や講演、交流会などの最後には、必ずこの言葉を耳にするはずです。あなたはいままでこうした場で手を挙げたことはありますか？

「質疑応答で手を挙げた経験は一度もない」「聞きたいことはあっても手を挙げる勇気がない」のであれば、ぜひお伝えしたいことがあります。

それは「質問がない」は社会人としてありえない、という危機意識です。

質問が出てこなかった時点で、あなたは**ゼロではなくマイナス地点**にいます。

なぜなら質問がないということは、「外部からインプットを受けたが、自分は結局何も考えていない」と表明しているのと同じだからです。

「よい知見を得られました」だけで終わっていては、その知見が血となり肉となる日はおそらく来ません。

そもそも「質問をする」行為は、自発的な思考の結果であると同時に、**言語化の練習**でもあります。講義や講演はもちろん、普段のミーティングも「ただ聞いて終わる」のではなく、思考をフル稼働させながら積極的に**情報をインプットする場**へと変えていきましょう。

受け身で話を聞いての理解と、自分の質問を軸にした理解とでは、理解の重みがまるで違ってくるからです。

インプットとは、さらさらと流れていく情報を眺めることではありません。

自分から手を伸ばし、咀嚼した上で思考の材料にする。それが本当の意味でのインプットであり、**データサイエンス思考の素地**になるものです。

重要度
★★★☆☆

16

読書とリサーチで2本の軸をつくる

データを読み、そこから何らかの発見や再現性を見つけ出す。
データサイエンスの原理は、読書と非常によく似ています。

SNSやニュースサイトで、最新の情報、いま自分の業界や社会では何が起きているのかをインプットすることはもちろん大切な作業です。一方で、それだけでは流れていく情報で日々が覆い尽くされ、終わってしまいます。

「最新ニュースでチェックはしたが、顛末がどうなったかまでは知らない」というトピックスは多いのでは？　どこかに**情報の流れを食い止める堰**のような存在が必要です。その堰となりうるのが本や雑誌です。

本には情報と著者の知見が詰まっている

1冊の本に価値があるのは、本というパッケージの中にその著者の持つ知見と情報が体系的にまとめられているからです。

ネットの情報は速く、多岐にわたる点が強みですが、膨大な情報の海から役立つ情報を整理し、取捨選択する作業には時間と手間がかかります。

これと決めた1冊を読み通すことができれば、少なくともも知りたいテーマやトピック、領域の全体像や輪郭はつかめるはずです。

最新の情報は、日々ネットで目を通しておく。
掘り下げて学びたい分野は、本を読む。

このようにリサーチと読書の2軸をつくることをルーティンにしておくと、インプットの筋力が鍛えられ、受け身ではない**自律的な学びの姿勢**が身についていきます。

私（山本）は、多くのビジネスパーソンと同じように、『日本経済新聞』を読むことを習慣にしています。時事ニュースの情報源というよりは、「大企業の経営陣はこうした情報を日々、キャッチアップしているのだな」と観測・把握するための材料として役立つからです。

英語で情報収集することも習慣にしています。『ウォール・ストリート・ジャーナル』『フィナンシャル・タイムズ』『ニューヨーク・タイムズ』と定番の媒体にはできるだけ目を通すようにしています。英語の情報のほうが、インプットの情報源が格段に広がるからです。

その上で、関連書籍を読むことで、問題の全体像をつかみ、自分なりの考えを深めるようにしています。

重要度

★★★☆☆

知識ステージによって情報収集の手法を変える

日々の流れていく情報を大まかにキャッチアップしつつ、書籍、専門書、ベンチマークになりそうな論文にも定期的に目を通す。

これが情報をインプットする基本ルーティンですが、そのとき身を置いている業界や職種、知識ステージによって手法を変えることも大切です。

私（松谷）の場合、対象となる分野や、その領域における自身の知識の深さのステージ、事業の中での管掌領域によって、インプットの手法を変えています。

例えば、ＥＣ事業で当初、ＡＩ研究開発部門の立ち上げをしていたときは、日々のニュースとはあえて少し距離を置き、英語ベースで重要そうな論文やテクノロジーに関するＳＮＳでの動向の状況把握、月刊の経済誌などに目を通しておく形でインプットをしていました。研究開発戦略の担当として、組織の立ち上げにあたってはまず細

重要度
★★★☆☆

部よりも俯瞰の視点を大切にしていたからです。

培ってきた経験を産業を超えて日本の中小企業の成長へとつなげるため、ＰＥファンド運営会社を立ち上げたいまは、日々アクセスするニュースの種類も媒体も大きく変わりました。

インプットにおけるベストプラクティスの中身は、そのときどきの業界や職種、立ち位置によって変わってきます。いま自分がいる場所で考えたときに、どんな方法がベストかを**自分なりに模索するプロセス**を大切にしましょう。

17 データと経験を融合させる

どれだけ大量のアンケート調査をしても、ビッグデータの取得が可能でも、活用されなければそのデータに価値はありません。

そしてデータと向き合う上で一番ものを言うのは、最新の手法とは限らず、むしろ**読み解く人自身の経験値**です。

この場合、「データを読み解く人」はデータサイエンティストに限りません。むしろ分析の専門家と一緒に動くチームなどで、その事業や現場の知識をより多く持っている人のほうが、データが示唆するものに気付くことに長《た》けているケースも往々にしてあります。

重要度

★★★★☆

課題の解像度を高める知見を引き出す

データサイエンティストの仕事はデータに向き合い、全体の傾向を把握した上で、相関関係と因果関係を混同させずに冷静に事象を読み解くことです。しかし、実際のビジネスでは、完全な分業ではなく、繰り返しかつすべてのステップで**現場のメンバーと協業**していくことが理想です。

課題を設定し、データを集め、分析結果をもとに有用な施策を提案、検証する。検証結果と現場の経験を融合させ、新たな課題を特定する。このプロセスを繰り返すことは問題が変わっても同じです。

第一線で働く人たちが持つ知見を、データサイエンティストがインプットすることは、データ活用において欠かせない作業です。現場からのインプットなしには、適切な課題設定も、そのために必要なデータ要件の定義もできません。その結果、データからビジネスに役立つ知見や情報は引き出せません。

データサイエンティストは数理モデルや分析手法のプロであり、またビジネスのプロでもあるべきです。データを掘り下げる上で、そのデータの前提条件や数字からこぼれ落ちているものまで把握する必要があるからです。

そのため、優れたデータサイエンティストは、意味のある解析をするためのインプットを現場から積極的に求めます。

現場で培ってきた知見や経験値は、データ活用に必須です。数字だけを上滑りさせないためにも、現場が持つ業界の知識・経験値とデータサイエンティストが持つデータ分析スキルを融合させることが重要なのです。

データに馴染みがない仕事をしてきた人こそ、その意識を持ってデータ活用に携わっていただければと思います。お互いの強みと専門性を活かし合い、連携・協業していく。こうした働き方の輪は、今後ますます広がっていくはずです。

ほとんどの業界で構造や常識は業界誌などの文献を探せば見つかるはず。そのあたりの知識をベースにした上で、私（松谷）の場

合は新しい事業で最初は各部署のミドルマネジメントなどへのヒアリングにとりわけ時間をかけるようにしています。こういった連携やプロジェクトの立て付けを可能にするため、基本的にデータサイエンティストのチームは、コンサルと同様にマネジメント（経営者）直属でなければ機能しません。それが事業部の中に常駐する形もあります。

重要度

★★★★☆

データサイエンスは人間が介在して機能する

生の言葉を交わすコミュニケーションは、**情報の宝庫**です。

取得できているデータの前提条件や注意点、その時点での現場の課題からは削ぎ落とされている背景や、プロジェクトそのものに対する温度感や期待など、話すことでしか得られない知見が掘り起こされるからです。

データサイエンティストと聞くと、コンピュータの前で数字だけに向き合っているような印象を持たれがちかもしれません。

しかし実際は、適切な課題を設定し、必要なデータ取得に向けてデータ要件を定義し、他のエンジニアたちとともにシステムやデータ基盤を構築して分析・施策などの検証をすることが本質的な業務です。そのためには、**的確なヒアリングやコミュニケーション**ができるかどうかは重要なスキルです。

データは単独で存在するだけでは価値がありません。
経験や知見と融合させて初めて活用できる形になるものです。データの前処理や分析には技術が必要ですが、その技術を習得しているだけでなく、現場でのコミュニケーションが必要なのです。

18 同じ業界の成功モデルに学ぶ

重要度
★★★☆☆

個としてのインプットも大切ですが、マクロの視点を養うという意味では業界の成功モデルを学び、**組織としてインプット**していくことも重要です。

どの業界にも固有の事情があり、データを活用しやすい領域と、データ活用の効果が見込みにくい領域があるはずです。自分たちの業界において、データ活用は現時点でどこまで可能性があるのか、逆にどの分野では効力を発揮できないのかを見極める目も、遠からず必要になってくるでしょう。

同じ業界の他社で、データを活用して成功したケーススタディがあれば、どのくらい数字が伸びたのかも含めて積極的に参考にしましょう。会社の規模や事業領域が多少違っていても、自分たちにも真似できる部分があるはずです。

具体と抽象を行き来する

データ分析において大切なスキルのひとつに、マクロに事象を見る「**俯瞰力**」があります。自分たちの業界がどのような状況にあるのか、自社の立場から眺めているだけでは視野が広がりません。

顧客のニーズはどう変化している？

競合他社は何をしているのか？

海外で該当する分野は近年どのような状況か？

自社の周辺だけでなく、マクロの視点で業界を見直せば、マーケットの見え方も変わってきます。

重要度

★★★☆☆

マクロの視点を養うためには、座学よりもビジネスの現場で身につけるほうが確実に近道です。

その点、**同じ業界の成功事例は最高の参考書**になるでしょう。

顧客の特性と変化という軸を組み込んで考える。自社と競合を並べて、何がどう違うのかを比べてみる。さらにマーケット全体や周辺にまで視界を広げていく。こうしたポイントを押さえていけば、マクロの視座が得られ、構造を読み解く力が鍛えられます。

現場の事例から具体を整理し、そのエッセンスを抽象化して応用する。マクロとミクロ、具体と抽象、双方を自由に行き来できるようになれば、データ活用の可能性はもっと広げられます。

自分のアンテナだけでは限界がある

個人が一人で集められる情報には限りがあります。

１個のアンテナだけで頑張っても、電波の受信にはどうしたって限界がある。だからこそ、自分とは異なる場所にいるさまざまな人に普段からアンテナをつないでおきましょう。


意識的にネットワークを広げることによって、**何気ない雑談**の延長線上で「そういえば、こんな新しい事例があるよ」と気軽に紹介してもらえるようになる。そんな環境を整えておくことをお勧めします。

そこで得た情報やコネクションがすぐに活きることはなくとも、数か月後、数年後に「ああ、あのときエンジニアの彼が言っていたのはこういうことだったのか」と**時間差で理解できる**こともたくさんあるはずです。

重要度

★★★☆☆

私（山本）は、グーグルに勤務していた当時、職場のカフェで毎朝のようにいろんな部署の同僚を捕まえ、話を聞いてみることを日課としていました。「隣、空いてますか？」「最近調子はどう？」といった挨拶や世間話から始まり、「あなたはいまどんな仕事をしているの？」と話しかけてみる。会話が盛り上がって仲良くなれば、ランチに発展してさらに具体的な話に進展することも。そのとき得られた情報が巡り巡って長期的な業務に役立ったことも多々あります。

自分とは異なる専門性を持つ人との会話、そこからにじむパッションに触れると、視界が開けるような新たな価値観が得られます。

コネクションは空から降ってくるものではありません。

直近で自分の利益になるかどうかといった近視眼的なものの見方にとらわれず、いろんなところにアンテナをつなげておきましょう。

19 違和感を見逃さない

一般的にデータサイエンティストは収集されたデータに対し、まずは全体像を眺め、自分なりの仮説を立てます。その上で、仮説が合っているのかを検証・分析していくのがセオリーです。このときに大切になるのが「**このデータ、何かがちょっと変では？**」という直感、引っ掛かりです。

経験豊富なデータサイエンティストは、普通であれば見過ごしがちな数字の並びにも注意深く取り組みます。他と比べて極端に大きかったり小さかったりする数字（＝外れ値）や、記録ミスなどによる異常値や欠落している数字の除外、もしくは適切に修正するなど対処をして分析していくスキルが求められます。

この作業の過程で鍵となるのが、違和感に気づけるかどうかなのです。

重要度
★★★★★

違和感に反応する力を鍛える3つの習慣

とはいえ、違和感というと「なんとなく」感じる直感的なおかしさであり、「こうであるから、必然的にこうなる」といった論理では説明がしにくいものです。「もっと直感を磨こう」と言われても、多くの人は「どうやって？」と首をかしげて終わってしまうのではないでしょうか。

ここで違和感と表現したものは経験と知見をもとにした直感であり、経験の積み上げなしに一朝一夕では身につきません。それでも、次に紹介する3つの習慣を実践していけば、違和感に反応するアンテナは徐々に磨かれていきます。

習慣❶ 質だけでなく、量も大切にする

違和感とは、解きほぐせば「過去の自分のデータベースと突き合わせたときに生じ

る引っ掛かり」です。つまり、データベースの**大量かつ多種多様なストック**がある人ほど、違和感にも必然的に気づきやすくなります。

データサイエンスに限らず新しい学びを始める際には、まずは多様なインプットを積極的に行っていくことを心がけましょう。数をこなしていくほどに輪郭が見え、傾向がつかめるようになります。これは慣れによって鍛えられるスキルですので、とにかく質のいいインプットの量を増やすことが肝心です。

傾向がつかめるようになれば、自分の中に基準が生まれるため、「これはちょっとおかしいのでは?」という違和感も生じやすくなります。インプットは質だけでなく、量ものを言うのです。

習慣❷ エラーも価値あるインプットの一種と捉える

大学などのデータサイエンスの授業では、「このようなデータを分析する場合は、こういったバイアスがかかる可能性があります」という注意点が説明されたりします。多くの学生はそれを聞き、「なるほど、そうした偏りには注意しよう」と思えるのです

重要度

★★★★★

が、実際は体験が伴わないとなかなか気づけません。

最初は、バイアスの入った適切でない結果に飛びついてしまうなど、失敗をするでしょう。でも、その**失敗も貴重な経験**です。失敗を経ることで、ある種類のデータを扱う際や手法を用いる際の留意点やポイントに自ら気づけるようになります。小さな失敗を重ねることは無駄ではなく、心に留めることで自身の知見となります。

もちろん取り返しのつかない失敗をしてしまうと大変なので、単に無謀になれという話ではありません。致命傷でないエラーは恐れずどんどん経験してください。

自転車で考えてみてください。初めて自転車に乗ろうとする人が、「こういう漕ぎ方をするとコケますよ」と教わったとしましょう。頭では「なるほど」と理解したつもりでも、案の定、最初のうちはコケてしまう人がほとんどのはず。逆に言えば、たくさんコケて体感をつかむことで、初めて理解できるということです。

習慣❸ データは常に疑ってかかる

データが洗練されてくるほどに、偏りや外れ値、異常値など、そのデータ自体の違和感は少なくなります。また、そのデータが示唆する事象の整合性も高く見えるため、適切な結果に行き着くには**鋭い観察力**が求められます。

目の前のデータをそのまま受け取るのではなく、常に疑ってかかる。それくらいのスタンスが重要です。

一方で、違和感だけでは単なる観測で終わってしまいます。想像力をやわらかく働かせて自分なりの仮説を立て、あらゆる可能性を考えてその違和感の理由がどこに潜んでいるかを探す作業も大切です。

ただし、ストーリーを強固に思い描きすぎると、結論を歪めてしまう危うさもあります。観察力は鋭く、想像力は適度に。検証・考察と手を動かす作業を何度も繰り返しながら、ベストバランスを探っていきましょう。

重要度
★★★★★

小学生の夏休みの自由研究がすべての基本

データサイエンティストが行っていることは、使用する数理手法はともあれ、要は「小学生の夏休みの自由研究」と基本は同じです。理系の大学生であれば「基礎実験」のようなカリキュラムが必修なことが多いですが、これも基本は同じことです。

というのは、自由研究は「研究」ですから、思いつきや夢想をアウトプットするだけでは実は成立しません。現実の事象や仕組みがどうなっているかを解き明かすために行うものであり、自分の当初の想像がどれだけ違っているかを確かめる作業はある種の実験です。

自分が思い描いたストーリーに引きずられてしまうと、正しい結論にはたどり着けません。目の前で起きていることの背景に何があるかを見つけ出す観察力も問われます。

夏休みの自由研究は、実は研究実験というプロセスを体験してみる格好の学びの機会だったのです。

私（松谷）が小学生のときに取り組んだ自由研究のテーマに「パンのカビ」があります。いろんな種類のパンを買ってきて、それぞれ複数の条件下で放置し、ピンクや緑などいろんな色のカビがふわふわと生えてくる様子を毎日スケッチしました。それぞれのカビにどんな特徴や違いがあるかの比較や、どのような要因でそれぞれのカビが生えるのかを考察し、図書館での文献調査も含め、得られた結果に対して、それなりの考察も加えました。いま振り返ると、データサイエンティストとしての仕事と根幹では重なっているのかもしれません。

重要度
★★★★☆

20 自分を客観視する目を養う

インプットがもたらす副産物のひとつに、自分を客観視できるようになることがあります。

数字やデータは、主観がなるべく抑えられた公正な判断材料として有効です。

その人自身の専門スキルは数字以外でも説明できますし、チャーム（魅力）などは数字で測れないところに宿るものですが、ビジネスという領域において**数字は会社や業界の枠を越える共通言語**として非常に明確かつ有益な指標になります。

もちろん、数字がすべてではありません。けれども、自分の成果を数字で説明したり、能力をマップ化したりするなど、自分を客観視することで、どの方向性に努力すればいいか、弱みをどうカバーしていけばいいかが具体的に見えてきます。

バンテージ・ポイントとは何か？

自分を客観視するための意識の持ち方として、バンテージ・ポイント（見晴らしのよい場所）に立つことをお勧めします。

近視眼的な距離感では自分を客観視できません。だからこそ、少し離れたところから自分のスキルや取り巻く状況を見渡してみることが重要になります。

コツは、なるべく自分より優秀な人に囲まれる環境を探し続けることです。

いまの自分には何が足りないのか？
どの強みなら武器になりうるのか？

重要度
★★★★☆

主観だけでなく、優秀な人の刺激を受け、等身大の自分を捉え直すことで、自然と、自分を客観視する習慣が身につくようになります。

自分一人では客観視できないというのであれば、優秀な転職エージェントのような第三者を活用するのも手です。とりわけ、新卒で入った一社に長く勤めている人は、「自分はマーケットでどう評価されているか」という意識が欠落しがちです。いざ転職しようと思ったときに、一番苦労するのがこのタイプと言っても過言ではありません。そうならないためにも、自分を客観視する視点は常に持っておくほうが安全です。ただし、転職エージェントは職場を変更させることによって利益を得る職業ですから、転職するようにコメントが偏りがちなところには注意してください。

自分の人生のオーナーは自分しかいない

すでに、「自分で行動できる人」が優位に立つ時代が到来しています。

会社と個人のキャリアは一心同体ではありません。上半期の営業目標をクリアしたからと安心していても、数年後には会社という船ごと沈没してしまう可能性も大いにあります。

自分の人生にオーナーシップを持てない人は、船と一緒に沈んでしまうリスクも高いのです。

そうならないために必要な行動は、**新しい学び**です。

20代であっても50代であっても、加速度的に変化するこれからの時代に求められるのは継続的なインプットができる人材であることは間違いないでしょう。いまの自分に必要な学びはどこにあるのか。ぜひ今日から行動を起こしてみてください。

重要度

★★★☆☆

21 手法を常にアップデートする

データと向き合う上で重要なのは、最新の手法に関する知識だけではなく、その人自身の経験値であることはすでに述べました。だからと言って、最先端の技術についての状況や知識を学ぶことを無視していいわけではありません。

ChatGPTを筆頭とした、近年の生成ＡＩの爆発的進化に目を向けてみてください。現代人にとって最も身近なインプット手段となっていた「検索」は、生成ＡＩの普及などによっていままさに大きく形を変えようとしています。

知りたい情報のキーワードを入力し、出てきた結果を比較しながら探していく従来の検索は、今後は過去のものになっていく可能性が高まっています。

対話型ＡＩがさらに進化を遂げ、テキストだけでなく、画像や動画を使って必要な情報を統合的にやり取りする時代が到来します。検索結果として出てくるものの精度や満足度もより高まっていくでしょう。

対話型ＡＩをフル活用する

対話型ＡＩで効率よくスピーディーに生成された回答を活用することによって、**少ない時間や労力**でインプットの力を高めることができます。目的に応じてサービスやツールを使い分けられるようになれば、**自分ひとりでは持てなかった新しい視点**を得られるでしょう。

データ分析の業務においても、ＡＩによって現在進行形でさまざまな仕事が効率化されています。データの集約・分類・変換から、分析結果の可視化、多様な解釈の提案までしてくれるＡＩの役割は、今後ますます必要とされていきます。

重要度

★★★☆☆

ＡＩ技術の飛躍的な進化には確かに目を見張るものがありますが、だからといって万能のツールと言うにはいまだ不十分なことも事実です。

ChatGPTに質問をすると、ときには誤った情報を平然と回答するため、ビジネスで使う場合には事実関係のチェックが必須となります。設定ミスによる情報漏洩や個人情報保護に抵触するリスクも伴うため、組織として全面的に導入するには適切な整備が求められるでしょう。

だからといって、「業務には使わなくていい」「自分には関係がない」という選択肢はもはやありえません。ビジネスの一部としてＡＩが存在するのではなく、ＡＩを含めるテクノロジーの基盤の上でビジネスを展開していく方向へと進んでいくからです。

「なんだかよくわからないし、どうせうまく使いこなせない」と立ち止まっているのであれば、まずはとにかく試してみてください。

そのための時間と労力をもはや惜しむべきではありません。

多彩なインプットがアウトプットの質を高める

インプット作業は、データ分析の質を高めるだけでなく、ビジネスパーソンが成長していく上で欠かせないものです。

本を読む、講義を受講する、専門家に聞く、ChatGPTに教えてもらう……。いずれもそれぞれに長所と効果があります。どれかひとつのインプット手法に絞り込むのではなく、多彩なインプットを駆使しましょう。

インプットの手法が多彩になればなるほど、アウトプットのクオリティも自然に引き上げられていきます。

ただし、インプットにばかり時間を割いてしまうと、アウトプットにかける時間や生産性を大きく落としてしまうのも事実です。

次章では、インプットした知識の理解・定着、そして実際の価値創造へと促すためのアウトプットの技法について解説していきましょう。

第3章

アウトプット

インプットした情報を
価値に変える基本ワザ！

22 最初の一歩はエクセルから

アウトプットの本質を一言でまとめるならば**手を動かす**ことに尽きます。データサイエンスに限らず、新しい学びもアウトプットなしには、実際の成果や価値は生まれません。アイデアは形に、知識は実践に。手と頭を一緒に動かして活かさなければ自分のものとして定着しないのです。

また、日本人に限って言えば、インプットは十分すぎるほどあるのに、アウトプットが少なすぎる人が多いように見受けられます。アウトプットへの苦手意識がある、と言ってもいいでしょう。

では、データサイエンティストにとってのアウトプットとは何か？　第3章ではデータサイエンスで求められるアウトプットについてお伝えしていきます。

重要度

★★★☆☆

課題を見失わないことが基本

効果的なアウトプットの重要性についてお伝えする前に、新人データサイエンティストがやりがちな失敗例を紹介しましょう。

新人：購買履歴データの分析結果を持ってきました。

現場：お、早いな。

新人：商品について、こんな面白いグラフを作成しました。

現場：……申し訳ないけど、この結果はどう使ったらいいのかわからないよ。

新人：えっ、最新の機械学習モデルを使っているんですよ。

現場：マーケティング施策のために、顧客の購買行動の変化をとりあえず大まかに把握したかったんだけど……。

これは分析結果というアウトプットが、「生産ラインの効率化をしたい」という本来の課題を見失っている失敗例です。こうした事例はまったく珍しくありません。

新規サービスの開発に関してある事業部から「このデータを分析してほしい」という依頼があり、分析結果をフィードバックしたものの、「自分たちの欲しいものではないから意味がない」との判断からその分析の示唆が生かされなかった経験があります。そのとき先方が必要としていたのは、ローンチのために予算を追加で取るための根拠として使えるような何かしらの材料だったからです。あらかじめその意図が明確であったら、ローンチがすでに決定しているその状況でもう少し有用な分析が可能だったでしょう。そうしたプロジェクトや分析の裏の背景や意図が正しく双方ですり合わせられるかどうかも、プロジェクト成功の大切な一要素と言っていいかもしれません。

重要度

★★★☆☆

ビジネスにおけるすべてのアウトプットは、価値創造など大きな目的に向かって常に向いているべきものです。いま取り組んでいる課題は、そこに至るまでの当座のゴールです。

データ分析は、その目的のために意思決定やアクションをしていく手段のひとつに過ぎません。経験の浅いデータサイエンティストほど、「最新のツールを使って鋭い分析ができたぞ」と過程の充実感に引きずられ、本来の課題を見誤ってしまうことが多々あります。

その事実を踏まえた上で、アウトプットの重要な基本を挙げるならば、目的と課題を最後まで見失わないことに尽きます。

エクセルのデータ分析は絶好の入り口になる

データ分析の第一歩はエクセルでも可能です。無料のグーグル分析ツールも最新機能が搭載されていていいですが、多くのビジネスパーソンが使い慣れているエクセルのほうが**ハードルを低く感じられる**のではないでしょうか。最新版では生成ＡＩの機能も追加されており、新しい機能も試すことができます。

エクセルを使って、データを整理し、そこからさまざまな統計を見てみる。まずはここから始めていきましょう。

例えば、飲食チェーン店であれば、エリアごとの店舗売上を集計し、グラフ化して比較してみる。売上の平均値や、また例えば「中央値」に目を向けてみましょう。

中央値とはデータの数字を大きさ順に並べたときに、真ん中になる値です。極端に大きすぎたり小さすぎたりする数字が紛れ込んでいると、平均値に影響を与えてしまいますが、中央値であればそうした影響を受けづらいメリットがあります。

中央値を算出して平均値と比較すれば、平均が一部の極端な数字に影響されていないかを確かめられるでしょう。

エクセルであれば関数「MEDIAN」を入力するだけで、中央値は自動で算出されます。他にも、「データ分析」タブをクリックすれば、移動平均、回帰分析、サンプリングなど統計の基本機能が詰まっていますので、ぜひ身近で眠らせていた数字を使って自分なりに手を動かしてみてください。

重要度

★★★☆☆

ビジネスの基本ツールでありながら、簡単な操作や充実した機能で**数字に慣れる**ことができるエクセルは、活用すればデータサイエンスの絶好の入り口になるはずです。

数字への苦手意識が強い人は、まずはエクセルから始めて数字への抵抗感を少しずつ減らしていきましょう。慣れてくれば、統計分析ソフトのRをベースにしたRコマンダーなどを組み合わせて分析することも可能です。

アウトプットは**0→1が一番ハードルが高い作業**ですが、ここを超えることができれば、8、9合目まで行くのはそう難しいことではありません。手を動かすことで理解が深まり、記憶も定着しやすくなります。

23 言語化すれば迷子にならない

アウトプットを行うときに重要なことは、目的・課題を見失わないことです。そのためにも数字だけを見るのではなく、そこから見える示唆を言語化するプロセスも実は同じくらい大切です。言語化することで、本来の目的を再確認でき、課題から逸れることなく、迷子にならないからです。

データはただこねくり回せばいいものではなく、能動的に適切な分析手法を考えるべきものです。そして結果として一旦出てきた事象は、言葉に変換して初めて価値を持ちます。

言語化して初めて分析結果に意味が出ると言い換えてもいいでしょう。

重要度

★★★★☆

データの分析結果をただポンと出しただけでは、意味がありません。

データに隠れている事象を見つけ出し、言語化できるようになると、目的や課題を達成する施策の提案など、次につながる足掛かりができます。それこそがデータサイエンスが求めるアウトプットの本質です。

アウトプットを言語化する基本3ステップ

とはいえ、慣れない領域の学びにおいては、スタートからゴールまでまっすぐ走りきれないほうが普通です。アウトプットという大きな区切りや成果を体得するためには、次の3ステップに分解してみてください。

ステップ❶ 何をやりたいかを考える

まずは、前の項でも述べた**課題の設定**です。自分たちはいまどんな課題を抱えているのか、そのためにどんなデータを必要としているのか、何をやりたいのかをじっくり考えてください。

ステップ❷ 使いやすいツールを使ってデータを分析する

課題がひとまず見えたら、次は**手を動かす**番です。エクセルなどの慣れ親しんでいる計算ツールや初心者でも扱いやすい分析ツールを活用して、データを実際に触ってみましょう。この過程でもメモなどの形で自分のために逐一言語化することは、試行錯誤を後で確認する際や効率的に分析を行う上で大変有効です。

ステップ❸ データからわかったことを言葉に置き換える

とりあえず一旦のゴールが共有できるアウトプット、すなわち**言語化**です。統計の数字や分析結果からどんな事象が観測できるのか？　仮説検証のプロセスで見えてきたことを、言葉に置き換えましょう。

言語化のプロセスで一番いいのは、誰かにキャッチボールの相手になってもらうことです。チーム内で視点を変えて話し合いながら方向性を探り、業界知識や事業における感覚のある人とディスカッションする。自分とは別の視点を持つ他者とのコミュニケーションを重ねていきましょう。伝わりにくい相手でも、どういった表現で説明するかを試行錯誤することで、自分の理解も深まります。

また、基本的にデータ分析は一度きりで終わりません。分析結果を見て仮説を立て直し、それを検証するのに必要なデータの要件を改めて定義し、適切な分析手法にアップデートすることを**繰り返しながら深掘りしていく**ものです。

途中で迷子にならないように、言語化してみることは効果的です。

重要度
★★★★☆

課題の解決策を追いかけ続ける

ビジネスの現場におけるデータサイエンティストの役割は、「この課題を、データを使って改善できないか」と相談してきた部署やチームに対し、データを活用することで共に課題の解決やビジネスの成長を実現することに集約されます。

データが収集された条件や背景を理解し、分析した結果を、グラフなどを用いてわかりやすい形にして説明する。チームの課題感に応えるべく、ひとまずの分析結果をもとにディスカッションし、次につながる洞察や施策について明確にしていく。この一連の作業がデータサイエンティストにとってのアウトプットです。

データサイエンスは、その名のとおり**サイエンス（科学）**であり、ひとつの課題をクリアしたからおしまい、と明快に区切れるものではありません。

通常の研究がそうであるように、データサイエンスもそのビジネスがある限りずっと続いていくものであり、課題の解決や事業の成長を追いかけ続ける姿勢が常に求められるのです。

重要度

★★★★☆

24 期日は必ず守る

あらゆるプロジェクトと同じで、アウトプットにも必ず期日があります。データ分析には終わりがありません。解析を積み重ねて解像度を上げることにこだわると、期日はあっという間に過ぎてしまいます。

特に、他のチームと連携して進めるプロジェクトでは、進捗確認も含めた期日までの**リミットを常に意識**しながら、相手チームとコミュニケーションを重ねていくことが大切です。

チームが連携して仕事をする場合、あるタスクに遅れが生じると、別のタスクにも悪影響を及ぼします。システム開発の現場ではよく見られる光景ではないでしょうか。

期日を死守するための3つのポイント

根性や気合いのようなふんわりしたモチベーションだけでは、期日は守れません。期日を必ず守るためには、次の3つのポイントを意識しましょう。

一般のプロジェクト管理も、他部署と連携してのデータ分析も、新しい学びを習得する際も、基本はすべて同じです。

ポイント❶ 計画を立てる

まずは、全体のスケジューリングです。自分たちは何を知りたいのか、解決すべき課題は何かを明確にした後は、リミットまでの限られた時間の中でどうタスクを割り振っていくか、しっかりと計画を立てておきましょう。

一般的なプロジェクトであれば、**1週間単位で進行を確認**するチェックポイ

重要度
★★★★☆

ントをもうけておくことをお勧めします。

ポイント❷ 優先順位をつける

その上で、有限の時間をどうやりくりするかを踏まえて、タスクに優先順位をつけていきましょう。

データ分析の場合であれば、自社の持つデータに加え、公的機関や調査会社のレポートなど、信頼性の高い資料やデータはもちろんあるほどいいですが、材料集めだけに終始していては肝心のデータ分析が前進しません。ある程度まで目処が立ったら、区切りをつけて**次のステップに進む潔さ**も必要です。

ポイント❸ 軌道修正はこまめに

どんなにきっちりスケジューリングをしても、崩れるときは簡単に崩れるのが計画です。不測の事態の勃発や、繁忙期のような避けられない状況では、思うように計画が進まなくなることも当然あるでしょう。

しかし、本当に目的を達成しようとするなら、トラブルやアクシデントを「想定外だからしかたがない」とあきらめてしまうのではなく、むしろ**ズレることが想定内**である前提に立ち、軌道修正をする余裕を組み込んでおかなければなりません。「できるはず」という自分に対する過度な期待を持たず、取りこぼすことを前提にフォローできる余白をつくっておく。そうした細部の工夫によって、こまめな軌道修正ができるようになり、結果的には期日の厳守にもつながります。

こまめな軌道修正を実践するためには、サッカーのように見直しサイクルを素早く回していくのが効果的です。フィールド上では刻一刻と状況が変わります。まずは全体をざっと見て、鍵を握るクリティカルパス（経路）はここだろうと目星を付ける。全体の骨組みが見えたら、すぐに着手できることから始めましょう。あとは小さな変更を柔軟に受け入れながら、ゴールを目指してボールを回していくだけです。

重要度

★★★★☆

本来の目的を忘れては本末転倒

スケジューリングの段階から、期日から逆算して達成可能な分析をまとめていくことが重要です。期日というリミットを意識することで、意味のあるデータ活用や分析が現実的な制約の中でできているか方向性を確認しつつ深掘りしていくことが可能となります。

とはいえ、期日に絶対に間に合わせることばかりに頭がとらわれると、保守的になりすぎて、ときに本来の価値を失ってしまいがちです。

リミットの設定は集中力や効率化の視点からも有効ですが、「とにかく間に合わせればいい」というスタンスに走ると、余裕が失われ、もしかしたら見つかるかもしれないビジネスチャンスを見逃してしまうことにもなりかねません。

期日は厳守するが、そこを最終目標にすり替えることはしない。そうした**バランス感覚**を心がけていきましょう。

25 一歩引いた場所から俯瞰する

「データサイエンティストは、やっぱり細かいことが気になる神経質なタイプが多いのでしょうか。自分は統計学なんてまったくわからない大雑把なタイプだから、そうした分析には向いていません」

さまざまな企業やチームと組んでデータ分析プロジェクトを行っていくと、こうした問いかけを投げかけられる機会が意外と多くあります。

これは半分正解で、半分間違いです。なぜなら、**おおらかさと精緻さ**、データ分析にはどちらの素養も必要になってくるからです。

重要度

★★★★☆

細部を見る目と大枠をつかむ目

細部にまでしっかりと目が行く人は、データの欠損や異常値などの**違和感に気づきやすい**のが強みです。しかし、それだけでは細部にばかり目を奪われて視野が狭くなり、全体や傾向を見誤るという弱点があります。

データサイエンスは**比較の学問**でもあります。あるデータから考察できることがあまりない場合は、他のデータと掛け合わせるなどして使えるデータを充実させ、事象理解の解像度を深めていきます。比較軸を内包するデータを取得できれば、それだけ洞察も洗練されていきます。

一方、おおらかであることは、言い換えれば細部にとらわれすぎない、**俯瞰したものの見方もできる**ことでもあります。対象との間に距離があるため、一歩引いた視点から、大枠をつかめるのが強みでしょう。

この全体像を捉えるという俯瞰の視点もまた、データを正しく役立て、アウトプットの質を高めるためには欠かせない要素です。

データそのものだけでなく、その周辺にはたくさんの背景や前提などの要因が入り乱れています。

業界の構造、市場や顧客の特性、競合他社の動き、社会の動向など、データに影響を及ぼすさまざまな要素を把握することなしには、数字から因果関係や相関関係を見つけ出すことは困難です。

大枠がつかめるようになれば、データから読み解ける事象の**解像度は格段に上がる**はずです。

細部を見る目と、大枠をつかむ目。これらは一見すると相反する性質に思えますが、意味のあるアウトプットを現場に届けられるデータサイエンティストの多くは、この双方の視点を兼ね備えています。

重要度

★★★★☆

意思決定者のゴーサインを勝ち取る

細部を見る目と大枠をつかむ目は、生まれ持ってのセンスではなく、**後天的なトレーニング**によって身につけることができます。

解決する課題を把握する（Ｉ）↓仮説をもとに計画を立てる（Ｐ）↓データを収集する（Ｄ）↓データを分析、検証する（Ａ）↓分析結果を提示する（Ｃ）。

このＩＰＤＡＣのサイクルを実践で繰り返していけば、細部を見る目も、大枠をつかむ力も、自然と底上げされていきます。筋トレをすれば筋肉がつくように、実践を繰り返せばデータを見る目も磨かれるからです。

そういう意味では、ＩＴリテラシーの高い新卒社員と、現場経験の豊富なベテラン社員がデータを読み解くスキルを身につけたときに、より現場で役立つのはどちらかというと、もしかすると後者かもしれません。

分析ツールの発展により、データサイエンスにおける導入編としての基礎知識や分析スキルはある程度まではほとんどの人が習得可能なものですが、ビジネスの知見や現場経験、それによって裏打ちされた洞察力や読解力、経営のセンスなどは一朝一夕には身につかないからです。

データから浮かび上がる数字のすべては、材料のひとつに過ぎません。それは、**意思決定を補佐する材料**です。

データ分析をすることで現状を把握し予測を立て、数字を根拠として経営層などにプレゼンし、最終的には意思決定者のゴーサインを勝ち取って実際のアクションにつなげる。組織の意思決定のためのツールとして、データサイエンスを活用する。それこそがアウトプットの目的と言えるでしょう。

ビジネスの知見をベースに、目的を見据え、データサイエンスを「道具」としてうまく使いこなせる人材。これからの時代に求められるのは、そうしたビジネスパーソンです。

重要度

★★★☆☆

26 「〜となるはずだ」の思い込みは危険

先入観、直感、主観、経験則。

これらはときに判断力を鈍らせ、**アウトプットの精度を下げる**危険な要因にもなりえます。

先入観は知識や経験則に基づいたものの見方であり、直感や主観も役に立つ局面では大いに役立つのですが、データサイエンスの現場においては取り扱いにとても注意が必要です。

なぜなら、それらに基づく予測、「〜となるはずだ」「きっとこうに違いない」という仮説に固執すると、分析方法や結果をときに歪めてしまいかねないからです。

現場や自分の願望に引きずられない

課題を設定し、必要なデータの要件を決め、収集し、整理する。

ここまではおおむねインプットの領域でしょう。ですが、データサイエンティストの真価はアウトプットが伴ってこそ最大限に発揮されます。

ビジネスの現場において実証性を持つ予測を立てる、問題の把握や解決への糸口を見出す。このアウトプットの力こそが、ビジネスの現場において最も求められています。

ビジネスの現場は、数学の問題とは違います。ビジネスの課題という「問い」と、解決策という「答え」の間にあるのは、決して一本の直線ではありません。不特定多数の糸が、複雑にからまりあっている、そんな表現のほうがより現実に近いでしょう。

そもそも解決策が必ず存在するとも限りません。

重要度
★★★☆☆

だからこそ、アウトプットを前提としてデータに向き合う際には、常に**ファクトを再確認する冷静さ**が必要になってきます。

「きっとこうなるに決まっている」
「このやり方であればうまくいくに違いない」
「この新製品は絶対当たるはずだ」

一般に現場に近い人ほど、こうした思い込みにとらわれる傾向があります。

しかし、データ分析では、そうした希望や願望に引っ張られず、フラットに数字というファクトを見つめて分析する力が重要になります。

現場の担当者がどれだけ情熱的で誠実な善人であろうとも、そうしたパーソナリティの部分はいったん脇においてください。

もちろん、現場の情熱はプロジェクトをやり切る力やひいてはその成功とも直結しているため必要不可欠なものですが、データサイエンスの価値はそこではなく、そのプロジェクトの実行において役立つ洞察や示唆を届けることです。

90年続いた歴史は91年目で終わるかもしれない

経験値はアドバンテージであり、経験の蓄積に厚みがあるほどビジネスを見る目の精度も上がります。ただし、注意したいのは、経験値は常に**過去の経験**に由来するという事実です。

昨今のトレンドの変化はめまぐるしく、画期的な技術革新があれば、業界構造を一変させることすらあります。「過去にはこうであったのだから、今後もこうであるはずだ」という仮説は、あくまでひとつの視点によるものであり、材料の一部としてとどめておきましょう。

強い仮説は常に危うさを伴います。経験則・経験値は大事ですが、それを先入観として機能させるべきではありません。世界が過去の

重要度
★★★☆☆

直感的な延長線上に居続けないことを受け入れる。これもまたデータサイエンティストの共通姿勢と言えるでしょう。人間の思考は統計的手法でいうならば回帰分析に近いため、意識的にこうしたバランス感覚を保ち続けることも重要です。

思い込みに振り回されないための素地となるのは、疑う力、すなわち**自ら疑問を抱ける思考力**です。

人生の前半戦、10~30代の学習期において勉強にしっかりと本腰を入れた経験がある人は、思考力と直感がバランスよく鍛えられているように見受けられます。ところが、そうした経験がある人でも、過去に成功体験をもっている人は、前提を疑う力が弱い。世界が順当に続いていくことを疑わないからこそ、「90年続いてきた老舗企業なのだから、91年目も安泰だろう」という発想になってしまうのです。

けれどもゴールドマン・サックスと組んで金融業に本格進出したアップルのように、**脅威は業界の外からもやってくる時代**です。

自らの思い込みや仮説にとらわれすぎないよう心にとどめておきましょう。

27

AIはドラえもんではない

昨今の生成ＡＩの普及のスピードは、戦国時代の到来と言えるほどにすさまじいものがあります。

画像生成ＡＩのMidjourneyを皮切りに、Stable Diffusion、そしてChatGPTの登場は、社会が大きく変化する予感を抱かせるのに十分なインパクトでした。

その急成長に目を見張ると同時に、「ＡＩがここまでできるようになったのであれば、自分の仕事が奪われるのでは？」と危機感を覚えた人も多いでしょう。もちろん消えていく仕事もありますが、ＡＩに仕事を奪われるという見方は少し違うかもしれません。この議論はパソコンが浸透し始めた時代にもありました。

重要度
★★★☆☆

結論から言えば、**ＡＩを活用して高度なアウトプット**ができる人材が求められるようになるはずです。

突発的なアクシデントにＡＩは対応できない

ChatGPTの汎用性は確かに驚くほど広範囲です。

文書の作成、要約、計算、翻訳からコード生成まで、多様なタスクで高い性能を発揮できることはすでに周知の事実でしょう。

では、ＡＩがドラえもんのように万能な存在となり、すべてをＡＩに丸投げできる未来がすぐに来るかというと、答えはＮＯです。

なぜなら、大量のデータを処理した集合知をベースにしているＡＩは、**頻出しないパターンに対しては弱い**という弱点があるからです。

私（松谷）はかつて、北米で航空機の自動制御に関する研究を行っていました。ご存じの方もいるかもしれませんが、飛行機の操縦はすでにかなりの部分が自動化されています。飛行には離陸、巡航、着陸のフェーズがありますが、特に空をほぼ水平に飛んでいる巡航の最中は、実はほとんどが自動運転です。それでもパイロットは必要です。それはどれだけ技術が発達しても対応しきれないレアケース、非常事態が必ず起こりうるものだからです。他の産業でもＡＩ活用に当面は人間が必要な理由も、自動運転と同じです。

ＡＩが得意とするのは大量のデータを分析した上での指示への対応や、頻出するパターンの状況下での対応にとどまります。突発的なアクシデントや非常事態への対応、問いの発見なども技術革新が進む中で対応可能になっていますが、それでも完全に対応しうるものではありません。

ですから、今後は、単純なルーティン業務はＡＩに任せて、高度なモニタリング・

重要度
★★★☆☆

監督業務を人間が担っていくという棲み分けが進んでいくことが予想されます。

必要なのは ＡＩを活用できる人材

さて、ここでアウトプットの話に戻りましょう。

今後、生成ＡＩをはじめとする計算機科学技術はあらゆる分野に応用され、組み込まれていくことが予想されます。そろばんや帳簿が電卓や会計ソフトに移り変わったように、いつの時代も道具は進化を続けます。

つまり、よりよい**アウトプットのための道具**として生成ＡＩは必須アイテムであり、それを使いこなすスキルが求められていくのです。

誰でもできる単純作業やデータ分析の一部はＡＩに置き換えられても、課題の設定やデータ要件の定義、また分析の結果を踏まえての新しい提案のようなことはまだ現在のＡＩにはできません。できてもその能力・提案の質は限られています。

その意味ではきちんとデータを価値につなげることができるデータサイエンティスト、もしくはデータサイエンス思考ができる人材の需要がさらに高まり続けていくことが予想されます。

ＡＩがどれだけ進化しようとも、それを適切に使いこなせる人材がいなければ結局は宝の持ち腐れです。ドラえもんのポケットの道具を考えるとわかりやすいでしょう。

目の前の困りごとは何か？
たくさんあるアイテムの中でベストな選択肢は？

それらの強力で魅力的な道具たちを適切に使いこなせる人がいなければ、四次元ポケットはただのポケットです。

ChatGPTも同じです。そのアウトプットが正しいかどうかの判断、意思決定をするのはいまはまだ人間の役割です。その前提を踏まえた上で、私たちはアウトプットの技法を増やし、磨き続けていかなければなりません。

重要度

★★★★☆

28 トライ＆エラーで質問する力を磨く

ChatGPTの衝撃的な登場、そしてマイクロソフトとグーグルの二強をはじめとしたビッグテックの熾烈な開発競争によって、ビジネスの現場においては今後、生成ＡＩが必須ツールとなることが予想されます。

「インターネットの誕生以来の革命だ」「これからはグーグル検索ではなく生成ＡＩ活用の時代になる」などの意見も聞こえるほどの盛り上がりを見せる生成ＡＩですが、実は生成ＡＩを使いこなすスキルと、データサイエンス思考を身につけることは非常に近いところにあるのです。

生成AIの回答は質問の仕方で差がつく

現時点において生成ＡＩをうまく使いこなすコツは、**プロンプト（指示）**にあります。生成ＡＩにどのように命令を入力するかによって、出てくる回答のクオリティがまったく変わってくることは、試した人ならすでにご存じでしょう。

生成ＡＩに指示を出すときのポイントは、**簡潔さと明瞭性**です。指示はできるだけ簡潔に。そのためには「何を聞きたいのか」を自分の中で整理して、明確にしておかなければなりません。

また、一度で完璧な回答が返ってくるとは思わないほうが賢明です。まずは簡潔な指示からスタートさせる、複数回にわたって指示を追加していく、曖昧な言い回しは排除する。質問の範囲を絞り込む、形式を工夫する。

質問の仕方を変えることによって、より的確な回答が返ってくるようになります。

生成ＡＩをうまく使いこなせないとしたら、プロンプトが粗い、つまり質問が下手だからです。

重要度

★★★★☆

トライ＆エラーで要件定義のスキルを磨く

質問する力を鍛えるということは、ＩＴのシステム開発などの現場で使われる「要件定義」のスキルを磨くこととも共通しています。

要件定義とは、必要な機能や達成すべき要求を想定しわかりやすくまとめていく作業であり、システム開発の重要なステップです。

生成ＡＩをうまく使いこなすためには、目的に対して要件定義をいかに適切にできるかが重要です。

例えばＳＮＳを検索すれば、エンジニアリングの知識を持つ人々が用意したプロンプトのフォーマットがすぐに見つかるでしょう。しかし、他人がつくったフォーマットを使い回しているだけでは、要件定義のスキルも、それに通じるデータサイエンス思考も残念ながら本当の意味では身につきません。

それらを参照しながらも、できるだけ自力で達成したい内容と目的を考え、プロンプトを創り出してみることをお勧めします。

生成AIの力を借りるのに適切な課題（疑問）を設定し、計画（言語化）、データ収集（アウトプットされた回答の検討）、分析（プロンプトと回答の検討）、結論（課題の見直し）のサイクルを回していくのです。

1回の質問で欲しかった回答がすべて得られることは稀です。最初の課題に対する一旦の回答が出たら、それをもとに課題を再設定して2巡目、3巡目とサイクルを回していく。このトライ&エラーを繰り返して要件定義のスキルを磨きましょう。

重要度
★★★★★

29 検証プロセスにこそ価値がある

ここまで繰り返し述べていますが、**データサイエンスは科学**です。

科学とは、この世界に存在している真理をただ追い求める知的好奇心の探求という側面だけではありません。特にエンジニアリングは、人類のより豊かな生活の実現のために、人類の知見と技術の発展とそれらを価値に変えていく営みです。

ビジネスでのデータ活用も同じです。

現場の知見とデータを融合させ、検証していく。その地道なプロセスにこそ価値があり、繰り返しの蓄積がビジネスの価値向上へとつながり、またビジネスパーソンとしての筋力を鍛えることにもつながっていきます。

一度きりで終わるアウトプットはない

ただ知識を取り入れるだけ。カリキュラムに沿って受動的に学ぶだけ。そういった単純な**インプット型の勉強法**で乗り切れるのは、受験、もしくは画一的な資格試験のように限られた領域だけです。

大人の学び直しや本当の意味でリスキリング、もしくはビジネスの現場で求められるのは、新たに得た知識や技法を使って課題の解決や改善を図る**アウトプット型の勉強法**と言えるでしょう。

ここで再び生成ＡＩ「ChatGPT」を例に挙げてみましょう。

「ChatGPT っていうのがすごいらしい」と耳に入った情報に満足しているだけでは、何の学びにもつながりません。

実際にいろんなプロンプトをChatGPTに入力して検証・実験してみる。そのプロセ

重要度

★★★★★

スのバリエーションが豊富なほど、深く実践的な学びが得られます。

データ分析も同じです。

インプットが一度きりで終わらないように、アウトプットも一度きりでは意味がありません。1回目の分析で得た結果があれば、2回目、3回目の分析ではどのような変化や差分が起きるのかを継続して追っていく。

検証プロセスの層が厚くなるほど、着目すべき因子はどれか、そのデータの背後にある構造はどうなっているか、**データから得られる洞察の解像度**は上がっていくはずです。

データ分析は何度も繰り返すことが大前提の作業です。

そもそも一度目の分析から適切な課題設定ができている、そのためのデータが揃っている、などのように条件が整っているほうが稀です。

また、ある時点で意義あるデータ分析ができたとしても、その後も繰り返し追っていくことが大切なケースも多くあります。

例えばある施策を打った後の結果として時をまたいで観測していくことで得られ

る知見はたくさんあります。週、月、年単位で、環境が変わっていく中で分析を継続して回していく場合もよくあります。トレンドを把握すること、その時々に応じた施策を打つことが重要である場合も多くあります。

繰り返すことで、一度だけでは見えなかった部分が見えてくるようになるのです。

見直しグセをつけると致命傷を負わない

学校の教室で教わった勉強とは違って、ビジネスの世界においては「たったひとつの正解」はほとんど存在しません。だからこそ、その時々の状況と環境に応じて限りなくベターな値を自分たちで探していくしかありません。

検証プロセスを重ねて解像度を上げていくことは、自分たちが設定した「問い」や「仮説」が適切に組み立てられているかを確認し、更新していく作業でもあるのです。

検証プロセスの層を厚くするとは、**見直しグセ**をつけることと少し似ているかも

重要度
★★★★★

しれません。

タスクの振り分けは間違っていないか？
プロジェクトの優先順位はこれでいいのか？
ダイレクトメールとオンライン広告、予算配分はこれでいいのか？

その都度、こまめに見直すクセが身につけば、大きな致命傷を回避できる確率が上がります。

あるプロジェクトの結果がうまくいかなくても、その検証プロセスによって後から価値を生み出すこともあるでしょう。そのときは失敗に見えても、次のプロジェクトの成功の確率をより高めるための材料に変えられるからです。

分析と検証を何回も繰り返し、ビジネスに対する解像度を上げていく。そうすることでポジティブな成長サイクルが生まれていきます。

30

100の失敗から1を知る

「実はこういうことでは？」という違和感を起点に立てた仮説が、まったくかすりもしなかった。分析して得た結果を会議の場で見せたら、要点がなく説得力がないと上層部から却下された。

こうした失敗は最初のうちはある程度は避けられないものであり、ネガティブに捉える必要はありません。なぜなら失敗やエラーは、**アウトプットの力を高める最高の機会**だからです。

データサイエンスは実践知です。実践である以上、失敗も成功もあるのが当たり前です。常時、正答率１００％の人間は世界中どこを探しても存在しないでしょう。

データサイエンス思考を高める上では、アウトプットを積極的に行い、エラーが出るごとに、その失敗に学ぶ。データサイエンティストとしてもビジネスパーソンとしても、それが一番確実な成長の道です。

重要度

★★★★☆

小さな失敗が増えるほど目利き力が上がる

なぜ失敗したのか？　その原因を究明する視点を持つことは、データベースの信頼性を増すことにつながります。

失敗の事例をたくさん見聞きすれば、状況に対する知識が比例して高まります。

それでも、いつまでも座学で知識をインプットしているだけでは、成長の伸びはいずれ鈍化します。インプットだけの学びは「失敗のしようがない」学び、安全圏の学びと言ってもいいでしょう。

学生であればそれでもかまいませんが、ビジネスパーソンの場合はアウトプットで得た結果を活かして、インプットした知識に肉付けと修正を加える。本書でも紹介しているＩＰＤＡＣサイクル（38ページ）を回していくことは、現実に使えるより深い知見を得る過程でも重要です。

失敗を１００回したということは、アウトプットを少なくともそれ以上はしたという努力とアクションの証です。１００回の失敗から得た経験をフィードバックすれば、思考の引き出しは飛躍的に増え、いまいる場所より必ず前へと進めるようになるでしょう。

失敗を過度に恐れずにアウトプットを積み重ね、ＩＰＤＡＣサイクルを回し続けることで、データ活用の場面でも適切な視点や考え方ができるようになるはずです。

数字やグラフを恣意的に曲げることは絶対にＮＧ

日本企業でよく見かけるのですが、現場の事情や上層部の意向に沿うように、データを一部隠したり都合のいい部分だけ分析に使用したり、故意に偏ったグラフを作成

重要度

★★★★☆

するなどのケースが実は驚くほど多いです。結果、**失敗が先延ばし**されて、取り返しのつかない事態になることもあります。

意思を介入させて統計結果を恣意的に曲げることは、数字の持つ客観性を無意味化するのと同じです。仮説の立て違いなど小さな失敗を早い段階で受け入れて、そこから学んで次に動いたほうがトータルで見ると成功に近づけます。

２０１３年、ＪＲ東日本が「Suica」のデータ活用で炎上した事例がありました。ユーザーの乗降履歴データを持っているＪＲ東日本が、日立製作所とそれらを共有し、マーケティングに活用しようとしたところ、「個人情報やプライバシー保護への配慮がない」と世間からの激しい反発を受けて中止に追い込まれたことをご記憶の読者も多いでしょう。

しかし、当時といまを比較すると、個人情報をマーケティングに活用されることへの抵抗感は驚くほどに薄れています。グーグルに個人情報の多くが取得されている人は、決して少数派ではないでしょう。検索履歴などから自分に関係のある広告が現れるサーチターゲティングを見かけたことがない、という人はもはやネットにつながっている人であればいないはずです。

こうした潮流を踏まえると、Suicaのデータ活用プロジェクトが頓挫した事例は、いまさらながら「もったいなかった」の一言に尽きます。

あのときSuicaのデータが活用されていたら、日本のeコマース業界はいまとはまったく違う景色になっていたかもしれません。Suicaの膨大な個人情報をベースにしたプロファイリングを活用すれば、広告の的中率がより高まり、経営戦略やマーケティングに有効活用できたはずです。

近年、米アップルが金融大手のゴールドマン・サックスと提携し、クレジットカード業界への参入に本腰を入れていますが、それよりも早いタイミングでSuicaのデータを活用した金融サービスを軌道に乗せていれば、いまとはまったく違う勢力図になっていた可能性もあります。

重要度

★★★☆☆

31 小さく生んで大きく育てる

アウトプットとは、いきなり完成形を出すこととは限りません。どんな大きなプロジェクトであっても、最初の一歩は常に**スモールステップ**です。重要なのは、小さく生んだものをどうスケールさせていくか。

技術を実社会で活用して価値を生み出すことを「社会実装」と呼びます。この節では最先端のＡＩ技術の社会実装のプロセスをうまくやるコツについて、私（松谷）のｅコマースでの経験から抽出していきたいと思います。

最先端の技術を現場に取り入れる方法

ある日本最大級ｅコマースのプラットフォームを運営する会社は当時、エンジニアは多く抱えていたものの、最新の技術を研究開発しビジネスに活用していくための専門部署はありませんでした。そこでＡＩ技術を活用して膨大なデータを生かすための専門チームとして立ち上げられたのがＡＩ研究開発チームです。

新チーム立ち上げの判断は当然ながらトップですが、実際の各部署との連携などの座組を細部までコントロールすることは不可能です。それゆえ、ディレクターとして最初に求められたのは、マネジメントレベルでデータ活用戦略を統括する役割であり、各部署と連携しながらの研究開発組織の実績づくりとその共有でした。

新しく外からやって来た人材が「従来のリコメンデーションのままでは限界がある

重要度
★★★☆☆

からアップグレードしましょう」と提案をしても、当然ながらすぐに受け入れられるものではありません。システム運営に責任を持つエンジニアであれば、新しい試みよりも着実に保守するほうが優先順位がずっと上だからです。

現場にとって目の前に課題感がないのであれば、やる意味はないのでは？　そう考えるほうが自然でしょう。アップグレードする切実な理由が見当たらないからです。

では、どうすれば会社を最先端の技術を取り入れる組織にすることができるのか。

そのために必要なのは、新しい技術を押し付けることではなく、各部署における**現場の課題をまず知る**ことです。

もちろん、会社内では立ち上がって日も浅い専門家のチームにすぐに課題を見つけられるはずはありませんから、データサイエンティストをはじめとする各メンバーは担当部署と地道にコミュニケーションを重ね、信頼を積み上げながら、課題を探っていくしかありません。

その上で、「この部分であれば、もしかしたらこうした形でサポートできるかもしれません」という**小さな提案を出してみる**のです。

このとき、相手側の普段の業務を大きく変えたり、工数を増やしたりする提案はまず通らないと考えてください。「これならうまくいく可能性が高いので」と提案した上で、専門家チームができる限り巻き取り、現場で必要な工数はなるべく抑え、最後のプロダクトなどへの組み込みだけ一緒にやってもらうのがベストです。

実装した結果、普段見ているＫＰＩなどの数字が本当に**変わるんだという実感**を持ってもらうことができれば、次の提案も受け入れられやすくなります。

成功のシェアは互いの信頼感を醸成する

新規プロジェクトにおいてトップのコミットメントは当然重要ですが、**最終的に手を動かすのは現場**です。新規プロジェクトのために余分にかかる工数を考えれば、普段の業務に差し込める余地があるのは、現実的に考えれば最初は大きな変革ではなく、小さな提案だけでしょう。

そして**小さな成功体験**がひとつできると、事業部の信頼と新しい技術の受け入

重要度

★★★☆☆

れ度合いも上がり、次の依頼につながっていきます。小さな成功体験が増えていくと、「次はもう少し新しい技術を取り入れるための工数をかけてもいい」と思ってもらえる可能性も上がります。

ビジネスの現場においては、成功のシェアは互いの信頼感を醸成するための確実な方法です。成果という目に見えるアウトプットの形が世に出るまでには、データサイエンティストもこうした地道な作業を積み重ねているのです。

新規事業の芽はベンチャー投資とよく似ています。他社などで成功事例があるなど確度の高いプロジェクトもありますが、革新的なテーマのプロジェクトになると必ずうまくいくとは限りません。だからこそ、期待値は極力低めに抑える。プロトタイプをつくるところから始めて、スケールしそうかどうか感触を探っていく。インスタグラムが人気SNSに成長できたのも、ピボット（軌道修正）を何度も繰り返して試行錯誤を積み重ねた成果です。

32

社会に実装できてこそデータサイエンス

データサイエンスが実学である以上、やはり**社会実装**できて初めて大きな意味が生まれます。社会実装こそがアウトプットの究極のゴールと言ってもいいかもしれません。

近年、日本の大学でも続々とデータサイエンス学部が誕生しています。それ自体は望ましい流れですが、大学を卒業したばかりのデータ分析のスキルと知識を持つ人材をただ採用しただけでは変化は起きません。

重要なのは、データを使って**現実世界にバリューを出す**ことです。

それを実現するためには、組織全体でデータを活用できる土壌を育てていくことが大切です。

重要度
★★★★★

スペシャリストとジェネラリストの協働

データサイエンティストはスペシャリストです。データサイエンティストと称する人の質はバラバラですが、優秀な方は、時代の潮流を考えると、周辺領域の職種も含め今後も引く手あまたの専門職であることは間違いないでしょう。

では、優秀なデータサイエンティストが一人採用できれば業績は上がるのかというと、もちろんビジネスはそう単純ではありません。

会社全体としてどこでどのようなデータを活用すれば業績が上がるのかを見極められるような土壌と文化、データ活用を通じて何を成し遂げられるのかを描けるビジョンの共有がなければ、効果的なデータ活用は実現しません。

そういう意味では、ジェネラリストを育成する側面が強い日本企業は、データ活用の潜在性が実は高いという見方もできるでしょう。

さまざまな部署を横断させる従来の日本のジョブローテーション制度には批判も

ありますが、多様な部署での経験を通じて複数の視点を持てるようになれば、ビジネスパーソンとしての**視野とネットワーク**はおのずと広がります。

そうした経験は、データサイエンスを自社の価値向上にどう融合させるかを検討する上でも必ず役立つはずです。

社会実装という大きなアウトプットを成し遂げるためには、データサイエンスの専門性だけではなく、そのビジネスにおいてさまざまな知見を持つ**ジェネラリストの存在とサポート**が必要不可欠だということも覚えておいてください。

個人もチームも、とにかく場数！

アウトプットには場数がものを言います。社内でチャンスが巡ってくるのをのんびり待っているだけでは遅すぎます。データサイエンスやＡＩ技術は、もはや無関係でいるという選択肢はないと思ってください。

重要度

★★★★★

エクセルのAI機能を試して売上アップのヒントが得られないか？
ChatGPTを使って業務を楽にできないか？
Notion AIを活用してレポート作成を効率化できないか？

1日10分でもいいので、実際に手を動かしてみてください。いろんなツールを試し、自らの中に知見を蓄積するのです。あなたがいま抱えている業務の中にも活用できる領域は存在するはずです。ただし、ChatGPTに社外持ち出し厳禁の文章を入力しないなど、情報管理は気をつけましょう。

議事録の作成からマニュアルの自動化まで、AIツールの進化によってさまざまな形のアウトプットが効率よく行えるようになりました。しかし、「これで楽になったぞ」と単純に喜んではいられません。この先、必要とされるのは、自ら思考してビジョンを描き、AIに指示を出し、出力された回答のクオリティを精査できる人材です。AIでもで

きるある意味単純なアウトプットではなく、ビジョンと深度のあるアウトプットを自分はできているか？　いま一度立ち止まって考えてみてください。

次にすべきは、**チームでのアウトプット練習**です。新規事業でも、既存事業の改善でも、データ活用の可能性を探り、実際に形にしていくには1人では限界があります。社内にITエンジニアやデータサイエンティストがいるなら、まずは話しにいくことから始めてみましょう。小さく試行して、実際に協働できそうであれば、ひとまず到達可能な目標に向けたプロジェクトを立ち上げてみましょう。

アクセラレーターや投資家などの審査員に対して自らの事業計画をプレゼンする「ピッチコンテスト」や、エンジニアやデザイナーなどが集まってアプリケーションやシステムを開発する「ハッカソン」への参加など、具体的なイベントを組み込むのもよいでしょう。

第4章 コミュニケーション

ＩＰＤＡＣの好循環を
生み出す必須スキル！

33 曖昧な指示は意味を持たない

本章では、データサイエンスを組織で活用するために最も必要な資質と言っても差し支えないコミュニケーションの重要性についてお伝えしたいと思います。

データサイエンスの本分は、データを活用して課題を解決し、新しい価値を生み出すことですが、データさえあれば分析から提案までできるのかというと、そんなことはまったくありません。

基本の統計知識や最先端の学術知識、高度な分析ツールやプログラミング言語を使いこなすスキルは大前提ですが、それと同じくらいにコミュニケーションの力がなければ成り立たないのがデータサイエンティストという職種でもあるのです。

重要度
★★★★☆

分析スキルと同じくらいコミュ力が重要

ところで、あなたはいわゆる「コミュ力」をどう定義していますか？

明るく社交性がある＝コミュ力が高い、と思い込んでいる人も少なくないかもしれません。

コミュ力とは、たとえるならば、**言葉のキャッチボール**をスムーズにできるスキルです。

相手が取りやすい位置に、取りやすい球をスムーズに投げ、意思疎通を図る力。これこそがコミュ力の本質であり、性格の明るさや社交性のような表面的な性質とは本来は関係ないスキルなのです。

愛嬌《あいきょう》や社交性はあればあったで付加価値になりえますが、愛嬌がなくても信頼さえベースにあればキャッチボールは成り立ちます。

「相手が取りやすい球を投げてくれた」「それならばこちらも相手が取れる球を投げよう」と考えるようになるのは自然なことです。

ところが、ビジネスの現場では、こんなやりとりがよく見られます。

上司：とりあえず、いい感じに仕上げてくれ。なるはやでね。

部下：はい、わかりました。

……

部下：プレゼン資料をまとめてみました。

上司：え、これじゃ全然ダメだろう。

曖昧《あいまい》に指示されて仕上げた業務に対して、ダメ出しをしてくる上司は残念ながら珍しくありません。

このような困った上司に共通するのは、ひとえにコミュ力の低さです。指示が曖昧で言語化が下手だから、部下との意思疎通がうまく取れない。自分のほうが優位に立っていることに驕《おご》って、自分が相手に歩み寄るのではなく、相手が自分に歩み寄るべき

重要度

★★★★☆

だと考える甘えの姿勢とも言えるでしょう。

結果、割を食うのはいつも立場の弱いほうです。

ちなみに、指示が曖昧で下手な人は、おしなべて**建設的な議論も苦手**な傾向にあります。この時点で、管理職としての資質が疑われるレベルと言ってもいいかもしれません。

ChatGPTが話題になったとき、「こんなもの全然使えない」と文句を言っていた人は、おそらく曖昧でぼんやりしたプロンプト（指示）を打ち込んでいたのではないでしょうか。

要件を整理した的確なプロンプトであれば、ChatGPTは驚くほどの成果を上げてくれます。しかし、「自分に合わせろ」という主観的で一方的な文章の押し付けでは、ＡＩとのコミュニケーションも成り立ちません。自己本位で暴投ばかりするピッチャーの球は、ＡＩも人間もなかなかキャッチできなくて当然です。

データサイエンスの世界やエンジニアの開発現場では、曖昧な指示は意味を成しません。**曖昧な表現は使わず、数字は具体的に、制約や前提があるのなら明確に指示**するのがコミュニケーションの基本です。

事前の準備で指示が具体的になる

データサイエンティストやITエンジニアのような職種は、日本企業ではどうしても「便利屋」扱いされがちです。

自分でちょっと検索すればすぐわかるようなパソコンの不調を「詳しいならちょっと見てもらえない？」と気軽に頼む人がいるくらいです。

それがコミュニケーションのとっかかりになることもあるため全否定はできませんが、具体的な職種を無視して、エンジニアと名のつく人なら誰にでもパソコンの不具合を直すことを頼んでいい理由はありません。

ビジネスの現場におけるコミュニケーションの目的は、多くの場合、**課題の共有**

と達成です。その前提に立ち戻った上で、専門職もそれ以外も、お互い相手の職能に敬意と対等な意識を持ち、明快で具体的なコミュニケーションを取るためには、事前準備が必要です。

専門知識はなくとも最低限の用語や概要は自分なりに調べておく。

相手から渡された資料は読み込んでおく。

質問は要点を整理してから投げる。

意思疎通が少しでもスムーズに回るような工夫を心がけておきましょう。

重要度

★★★★☆

34 相手の土俵に乗って話を聞く

キャッチボールは一人ではできません。双方がフラットな場所に立ち、目線を同じくして向かい合い、相手の取りやすさを想像しながら交互に球を投げる。そうやって初めてボールがスムーズに行き交うようになります。

そう考えたときに、ビジネスの現場におけるコミュニケーションにおいて、まず大切なことは、**自分から相手の土俵に乗りに行く**ことです。

日本におけるデータサイエンス人材はまだまだ少数派です。それゆえに他チームと連携するケースでは、「よくわからないけど専門技術者」として珍獣扱いされている、という実感を持って働いているデータサイエンティストは実は少なくありません。

重要度
★★★★★

さて、考えてみてください。あなたは、スムーズに言葉のキャッチボールができますか？

おそらく多くの人は戸惑ってしまうのではないでしょうか。「さっぱりわからないから手取り足取り向こうから教えてほしい」と考えてしまうかもしれません。

相手の土俵に乗ることが相互理解の第一歩

データサイエンティストやエンジニアは自分とは別の生き物と考えている人ほど、ぜひ相手の土俵に乗りに行くことをコミュニケーションの最初のステップにしてみてください。自分から相手の土俵に乗りに行くことによって、多くのメリットもあります。

最大のメリットは、**相手への敬意が伝わる**ことです。

自分たちの業務とどんなかかわり方ができそうか、どんな専門用語やツールを使っているのか、そのアプローチや手法はどのようなものか……。完璧に理解することは無理でも、ほんの少しでもリサーチしておけば、輪郭《りんかく》をなぞることくらいはできるはずです。本書を読むこともその一助となるでしょう。

「自分たちの専門領域に相手が歩み寄ってきた」と気づいたときに、嫌な気持ちになる人はまずいません。同じ解像度や同じレベルの目線で見ることはできなくても、「同じ光景を見ようと努力してくれている」ことが伝われば、ほとんどの人はその気持ちに応えたくなります。

遠巻きにするのではなく、敬意をもって歩み寄る。コミュニケーションの下準備をしてくれたことが伝われば、相手は必ず好印象を持ってくれるはずです。

これは、**技術者サイドも同じ**です。勝手な思い込みや矜持で相手との間に線を引くのではなく、「自分の土俵」から外に出て、「相手の土俵」の近くまで歩み寄ってみる。それが相互理解への第一歩になります。

具体的には、専門用語を抑えて大まかに説明することから始めて、相手の理解度を把握する。この意識だけでコミュニケーションの最初の一歩としては効果的です。

重要度

★★★★★

技術者とユーザーをいかにスムーズにつなぐか？

私（松谷）が北米の研究所に勤務していた当時、航空機の自動制御技術の実用化に向けて研究を行っていたのですが、さまざまなシミュレーションを経て、ようやく人間のパイロットにフライトテストをしてもらうことになりました。

それまでのシミュレーションの結果は研究チームとしては非常に満足のいくもので自信があったのですが、アメリカ空軍のエース級パイロットが試運転した結果は「使いづらい」「慣れ親しんでいる操縦と感覚が違う」というにべもない反応でした。

そのときは「こんなに最先端のテクノロジーを使っているのに、どうしてこの素晴らしさを理解してもらえないのか？」と納得できない思いがあったのですが、いま振り返ると否定されたのも理解できます。

開発側の研究チームは新しい技術を前面に押し出すあまり、パイロットのそれまでに培ってきた操縦の感覚を変えることの難しさやシステムができることの理解のすり合わせを二の次にしていたからです。

開発された自動制御技術はパイロットのそれまでの業務の定義自体を変えるものであり、その前提からまずは合意形成を取らねばならないこと、このプロセスがすっかり欠落していたのでした。

これはどちらが正解というわけではありません。パイロットに限らず、従来の技術や仕様に熟練している人ほど、新しい技術が現れたときに**戸惑いと抵抗を覚える**のは当然のことです。

単純にコミュニケーション不足から生じた失敗例と言えるでしょう。

新しい技術が社会実装できるようになるためには、必ず**ユーザーと技術のつなぎ目**となるステップが必要です。

そのつなぎ目をいかにスムーズに、できる限り抵抗を減らしていくか。従来のユーザーが違和感なく受け入れられるかも、コミュニケーションによって解決していくべき問題でしょう。

重要度

★★★★☆

35 質問は相手への敬意

ビジネスに限らず、コミュニケーションを構成する重要な要素のひとつに、**質問力**があります。

先生の話を静かに聞くという受動的な学校教育で育った日本人は「自分から質問する」ことが苦手な人が多いのですが、質問は「する側」と「される側」、どちらにもよい影響をもたらしてくれます。

第2章「インプット」の内容とも重なりますが、ここでは、質問がもたらすよい影響を整理していきましょう。

質問は「される側」にもメリットがある

まず質問は、**あなたの話をしっかり聞いています**というメッセージとして機能します。相手の説明を聞いた上で、自分なりの疑問を提示する。この時点ですでに信頼関係の萌芽が見られ、場のコミュニケーションはよい方向へ向かって進み始めています。

当然、質問した側は、自分の中から出てきた疑問に対して目の前で相手が答えてくれるのですから、テーマに関する理解が深まります。

さらに掘り下げていけば、不確かだった対象の輪郭が徐々にくっきりと形になって見えてくるはずです。

裏を返せば、「質問がない」は「特に何も考えていません」という残念な意思表明にもなっていると自覚したほうがいいでしょう。いくら会議やプレゼンテーションを重ねてもまったく質問が出てこない状態が続くと、より深く連携できるチャンスも失われてしまいます。

「よくわからないけど任せたよ」という**丸投げはNG**であることを心得ておいてください。

ただし、「それならどんな質問でもいいから、しないよりはしたほうがマシだろう」と考えて、あまりに的外れな質問をするのは当然ながら逆効果です。質問は、**相手の理解や認識のレベルが透けて見える物差し**としても機能するからです。

では、的確な質問とは具体的にどのようなものでしょうか。答えはひとつではありませんが、会話の流れと前提を共有した上での疑問であること、違う視点から見た意見であること、新しい気づきを与えてくれることなどが挙げられるでしょう。

重要度

★★★★☆

以前、私（松谷）が新卒採用の最終面接に立ち会った際、「最後に質問はありますか？」と学生に投げかけたところ、「どれくらい

休めますか?」という質問が返ってきたことがありました。プライベートの時間はもちろん大切です。しかし、最後の質問がその事業や業務内容ではなく休みの話云々だった点で、「この学生との真剣なコミットメントは難しいのでは」という印象を抱いてしまったことも事実です。ビジネスや業務の内容に関する的確な質問の後であれば、また違う印象を抱いたかもしれません。

さらに、質問はときに「される側」に**新たな知見をもたらすスイッチ**になります。

「こういう言い回しでは専門外の人には伝わりづらいのか」と気づけるようになれば、次からはより噛み砕いた表現、わかりやすい比喩などを用いて、プレゼンテーションに反映させることができるはずです。

特に専門職の人は、自分の分野での常識やレベルを周囲にも無意識に求めてしまうことがありますが、立場や職種が異なれば常識も持っている知識の量も異なります。

重要度
★★★★☆

自分とは違うバックグラウンドや前提を持っている人に、自分の本分である領域をどこまで正確に伝えられるか。**専門外の人からの質問に答える**ことは、その練習となる絶好の機会とも言えるでしょう。

新しい分野の人に会うときに手ぶらは厳禁！

面談、打ち合わせ、商談、交流会など、社会人になれば出会う人の幅はぐっと広がります。初対面で会うことが決まっている相手であれば、あらかじめ**相手の分野や業界**についてざっと下調べしておきましょう。

相手の名前や業績を検索しておく。
著書や論文を出している人であればアウトラインだけでも読んでおく。
業界のトレンドや周辺事情をリサーチしておく。

これくらいであれば業界を問わず誰でもできるはずです。

さらに、下調べをもとに、何らかの質問を用意するだけでなく、もう少しレベルを上げて「仮説」も用意して持参することをお勧めします。

「情報やコネをください」と言わんばかりに手ぶらでやって来る人と、自分なりの疑問や仮説を立ててから会いに来る人。どちらに教えたい気持ちになるかは、比べるまでもないでしょう。

いい質問をひねり出すところまでなかなかいけないというのであれば、せめて「同じことを何度も聞かない」「わからないことはメモをして後で調べる」というビジネスパーソンとしての最低限のラインは死守してください。

質問力は、誰もが後天的に身につけられる有用なスキルです。年齢は関係ありません。日々鍛えていきましょう。

重要度

★★★★☆

36 相手の理解度に合わせて伝える

コミュニケーションはキャッチボールであるとたとえましたが、そこには相手に合わせて投げる球のレベルを微調整する技法も実は多分に含まれています。

「こちらは専門家なのだから、尖ったコミュニケーションであってもかまわないだろう」と考えているようなスペシャリスト（専門家）は、真に価値を出すことは難しいでしょう。

ビジネスの現場で同じビジョンを抱くのであれば、そこにコミュニケーションコストをかけることがいかに重要かを多くの専門家は理解しています。

他部署との対話は高校生レベルを出発点にする

データサイエンティストに限らず、多くの専門職はコミュニケーションを通じて相手が自分の領域のことをどの程度まで理解しているのか、専門用語がどこまで通じるのかを無意識的に測っています。

このとき、重要なポイントは**相手の反応**です。

この概念は伝わるか？

反応が鈍いのでもう一段平易な言い回しにしてみよう。

これが伝わるのであればもう一歩踏み込もう。

専門用語を小出しに、粒度（どの程度詳しく話すか）の粗いところから始めて、相手の理解の度合いを推し量りながら会話を進めていくことで、どんな言葉を使用して

重要度

★★★★☆

どのような説明の仕方をすればよいのかもイメージしやすくなります。

他部署と話をするとき、相手が持っている前提知識がまったくわからない場合は、高校生に伝わるようなざっくりとした概念の説明や用語の選択を出発点の目安とすると、そこから先のレベル調整がしやすくなります。多くの場合、それぞれの学問や領域に特化・分化し始めるのが大学進学などの高校卒業後だからです。

研究の場では、**伝えるための言葉の選択**が重要になります。

例えば、ロボティクスやＡＩの中でも特にある特定分野の研究者しか集まらない小さな学会であれば、専門用語でどこまでも深い議論が可能です。しかし、領域をまたいで開かれるような場、例えば神経科学の専門家なども集まる大きめの学会であれば、使用する言葉や表現を微妙に変えなければ伝わらない場面もあります。

アカデミアを対象にしたカンファレンストーク、スポンサーに向けたプレゼントーク、いずれの場合も、その分野に対する相手の前提や知識をある程度予想しながら内容を用意することが求められます。また、その場で実際の反応を見つつ調整していくことも時には必要です。

データサイエンスを取り入れるビジネスの現場でも同様です。そのトピックに対する相手の前提知識に合わせた、可能な限り正しく伝えるための言葉と説明の粒度の選択が重要です。

枝葉末節を捨てて大胆に噛み砕く勇気を持つ

テクノロジーに関する話題は日進月歩です。若年層であれば、幼少からよりデジタルやテクノロジーに触れてきたぶんだけ肌感覚で理解できる強みがあります。これがテック業界になじみがないシニア層になると、ビジネスの経験は豊富でもデータサイエンスやＡＩの大前提となる知識の理解が曖昧なことも珍しくありません。

そのような場合に説明する側に求められるのは、必要に応じて枝葉末節を捨てて、まずはとことん噛み砕く勇気です。

細部の正確性が重要なアカデミアの人材は、概してこうした大局的な説明を避けが

重要度

★★★★☆

ちな傾向にあります。しかし、ビジネスの現場のコミュニケーションにおいては、ざっくりと噛み砕いて**本質だけを残す**スキルが重要です。

ところで、概念だけの理解ではイメージが拡散してしまう可能性もあるので、メジャーなもの、例えばサッカーや野球、ゴルフのように**多くの人が知っているものにたとえる**のも有効でしょう。

比《ひ》喩《ゆ》はセンスではなく場数です。相手の立場にたって想像力を働かせ、どんなものにたとえれば伝わりやすくなるのか、相手の反応を見て、どんどん実践で試してみてください。

数字やグラフの選択も相手の理解レベルに合わせる

データサイエンスの領域においては、数字やグラフもコミュニケーションのための大切な言語のひとつです。

では、出てきた数字やグラフ化したものをすべて見せれば相手の理解をより深められるのかというと、往々にして**逆効果になるケース**がほとんどです。

伝わりやすいアウトプットの形は相手によって異なります。例えば現場や開発側にとって使いやすいデータと、マネジメント層にとって意味のあるデータは、量と種類も異なります。

意思決定層を説得するプレゼンであれば、ビジョンと必要性を共有することが最優先事項となります。

それならば、必要以上に細かい解像度で細部まで逐一伝えようとするのではなく、**的確に大局が伝わる見せ方を選ぶ**ほうが意義のあるコミュニケーションになります。

例えば、提示する数字もグラフもわかりやすさ、伝わりやすさを重視して、最低限にまで絞り込んだほうがよい結果につながる確率は上がるでしょう。

重要度

★★★☆☆

37 イエスかノーで結果を求めない

ここまで何度も繰り返してきましたが、データサイエンスの動機の出発点はビジネスを改善・成長していく上で存在する課題感です。しかし、課題の解決という結果に縛られすぎるとさまざまな落とし穴があるので要注意です。

技術や特定領域の専門知識がない人は、結論だけを欲しがる傾向があります。コミュニケーションの中身をすっ飛ばして、「で、結局のところ、できるのかできないのか、どっちなんだ?」と早急に答えを欲しがる管理職は珍しくないでしょう。

しかし、イエスかノーか、白か黒か、それ以外の答えを受け付けられない姿勢は、率直に言ってビジネスパーソンとしてはあまりに短絡的です。

グレーな状況を自ら思考して決断する

これまでの仕事を思い返してみてください。最初から最後まで想定外のアクシデントなどまったくないまま無事にゴールを切った案件と、予想もしなかったトラブルやアクシデントが発生しつつも何とか乗り越えた案件、どちらが多かったでしょうか？　おそらく圧倒的に後者でしょう。

コミュニケーションのひとつにディスカッションがあります。

異なる意見を出し合い、それぞれのメリットやデメリットを議論の中で引き出していくこのコミュニケーションの手法は「Aが全面的な勝ちで、Bが全面的な負け」と、**100対0のような構図**になることはめったにありません。

どちらの側にもメリットとデメリット、正当性と事情があり、それらをトータルで見て秤にかけながら、「今回のケースではAのほうに利がある」という妥協策に行き着

重要度

★★★☆☆

くのが一般的です。

何らかの要因がひとつ入れ替われば、AではなくBを選ぶほうに妥当性がある、との結論に変わることもあるでしょう。

そうした現実を冷静に鑑みれば、「で、どっちなんだ？」と安易に答えを欲しがる姿勢はやはり怠惰でしかありません。管理職であれば自らは思考と判断を止めて、部下に判断を下させているという見方もできます。

状況に合わせていったん立ち止まり、自ら思考・決断する。管理職であるなしに関係なく、こうした**自律的な意思決定スキル**はこれからの時代を生きるビジネスパーソンには欠かせないものになるはずです。

現実はたいていの場合、グレーなものです。現場や企業としてはやりたい、価値につなげたいという強い熱意、またはやり切るというコミットメント次第で結果が決まることも多々あります。

その意味では、メンバー間でコミットメントを確かめつつ、課題は何か、いったんの目指す目的地はどこなのかについて、醸成するコミュニケーションが必要になってくるでしょう。

反対意見に向き合うほど調整力が研ぎ澄まされる

メンバーが納得できる結論を導くための調整力を鍛えるためには、普段からディスカッションを習慣にすることをお勧めします。

ディスカッションの利点は自分ひとりでは思いつかない視点や意見を外からもらえることです。

そうしたディスカッション相手を探そうとすると、気安さからつい同期や後輩で探してしまいがちですが、より効果的なのは自分より「上」の相手です。

職位ではなく、有り体にいうと知的レベルです。同期でも後輩でも**自分より知的レベルが上**だと思える相手であれば問題ありません。

知的レベルが上の人とのディスカッションは、率直な反対意見、想定外の視点、広い視野と発展可能性など、多くのものをもたらしてくれます。

どんな意見に対しても肯定しかしないイエスマンの部下とのコミュニケーションからは、そうしたお宝は決して出てこないでしょう。

ときにはいまいる場所を離れて、自分とはまったく**異なる立場や業界にいる人**に雑談の延長線上で意見をヒアリングしてみることも有効です。

異なる場所にいる人たちは、業界の事情や背景を汲んでくれるような配慮はしません。さらに利害関係のない立場から、どこがよくてどこがダメかを率直に伝えてくれる相手であれば、いまある課題に多くの示唆を与えてくれるはずです。

職場に一人はいるであろう「この人とは絶対に考えが合わない」「この部署は否定してくるだろう」と思われる相手のもとに、要するにあえて**居心地の悪い場所**に意見を聞きに行くことも、自分を鍛える上ではとても意味があります。

否定や反対意見に真摯に向き合うほど、調整力が研ぎ澄まされます。居心地のよい場所から抜け出して、反対意見をもらいに行くこともときに必要です。

38 学び続ける姿勢が信頼度を高める

オンライン会議、チャットツール、データサイエンス……、現在、これらのテクノロジーはビジネスの土台になっています。

新しいテクノロジーはひとたび受け入れられると、瞬く間に広がり社会の形を変えていきます。この進化のスピードと流れは不可逆であり、学びのサイクルも比例して速めざるを得ません。

働いている限り、生きている限りは学び続ける。

ＡＩに仕事を奪われることなく広い世界で活躍できるのは、そうした学び続ける姿勢を捨てない人だけです。

重要度

★★★★★

1対1の対話のほうが理解度は断然深まる

アウトプットの技術とも重なりますが、学びを深める上では他者とのコミュニケーションは欠かせません。

受験や資格の勉強であれば、教科書参考書を読んで問題を解く。この繰り返しが基本でしょう。しかし、ビジネスシーンで求められる実践的な学びに必要なものは、**洞察力（インサイト）**です。

自らの内から「問い」を生み出すためには、事象を観察し、それを自分なりに理解した上で、洞察していかなければなりません。

洞察力は一方向的な座学ではなかなか身につきませんが、質が高い活発なコミュニケーションを重ねることで誰でも着実に鍛えられます。

自分とは異なる視点は、新しいひらめきを生み、ひとりではどうしても狭くなりがちな視界を広げてくれます。

データサイエンスについて知りたいのであれば、データサイエンティストが登壇する講演会のような1対nのイベントに参加するだけでなく、実際にエンジニアと1対1のコミュニケーションをしたほうが、理解度は断然深まります。

自分の無知を知り、変化を恐れずに受け入れる

一昔前といまで大きく変わったもののひとつに、「バリューの出し方」があります。かつては優秀な人材とは、「正解に早くたどり着ける人」でした。

優秀さとは勤勉さや暗記力、知識の正確性によって決まるものであり、その人ならではのユニークな視点や創造性のようなものは日本社会では長らく評価の対象外とされていました。

しかしいまは、時間さえかければ解決できるような課題は、人間に代わってＡＩが

解いてくれます。情報は検索する能力があれば辿り着けるため、わざわざ細かく暗記をする必要もありません。

日々更新される各方面の最新技術を、漏れなく把握できている人はいません。だからこそ、**「自分はいま、何を知らないのか」**を把握できる力量が求められる時代になっています。

学びを継続するということは、自分の無知を知り、変化を恐れずに受け入れることと同義なのです。

「わからないことは恥ずかしいことだ」「年下には聞きたくない」などの抵抗感はもちろんあります。しかし、自分で学び、それでもわかりにくいところは周囲の人に聞く。そうした学びのコミュニケーションを通じて、フィードバックを得ながら学んでいく方法が最も効率のよい勉強法です。

重要度

★★★★★

人生で一番勉強したのは受験勉強をしていた10代の頃だった。過去を振り返るとそう思い当たる人が日本では多数派かもしれませ

ん。では、人生で一番勉強をしたピークを仮に18歳とすると、そこから先の20年、50年と続く長い人生において勉強はもう不要でしょうか？

それで済んでいた時代も過去には確かにあったのでしょう。しかし、テクノロジーのトレンドが目まぐるしく移り変わる時代において、「大学を出たのだからもう勉強しなくていい」という目の前の業務をこなすことを優先して学ぶことを軽視する発想はもはや危険でしょう。

新しい情報をきちんと取りに行ける、新しいツールを自分で試す積極性がある、さらに周囲とその知見をシェアできる。

そうしたことを普段から実践できている人は、社内評価とはまた別軸の信頼性を自然に周囲から獲得しています。

仕事ができる・できないとはまた違う、もっと根源的な、人間としての知的好奇心と言い換えてもいいかもしれません。

学び続けることは自分のためであると同時に、**周囲からの信頼が高まる**という副産物ももたらしてくれます。

重要度
★★★★★

プロ任せでは成長の伸びしろが消える

土台に信頼関係と互いへの敬意がなければ、価値のあるコミュニケーションは生み出されません。

そして、ビジネスとアカデミア、いずれであっても、知識や経験は一朝一夕で身につくような手軽なものではありません。

土台となる知識をしっかりと固め、さらにその上に新しい知見を重ねていく。この**地道な作業の繰り返し**によってしかたどり着けない領域があることは、この本を手にしてくれた人ならばきっとわかるはずです。

ところが、実際のビジネスになるとそのことを忘れて、「専門職ならば知識を教えてくれて当然」「自分は無理解がデフォルトでいい」と線を引いてしまう人が日本の企業にはあまりにも多すぎるように見受けられます。

「餅は餅屋」という考え方も確かにありますが、プロに丸投げばかりでは組織としても個としても成長の伸びしろは消えてしまいます。

人生１００年時代と言われ、定年延長によって60歳以上でも働く人が増える昨今、「自分はもう新しいことを覚える気はない」という認識のままでいられる人の数はそう多くありません。

プロに任せておけばいいというスタンスは、責任の放棄であり、認識の欠如です。そのような意識でいる限り、どれだけ優秀なデータサイエンティストが結集しても、その協働プロジェクトにもたらされる実りは少ないでしょう。

共にデータを宝に変えるか、それとも無にするかは、**コミュニケーションの充実度**にかかっていると言っても過言ではないのです。

第5章

マインドセット

働き方も、生き方も、
自分で決める人になる指針！

39 謙虚さは最強の武器になる

誰に対しても、何に対しても、常に謙虚な姿勢を保ち続けること。その謙虚さこそが最強の武器になる。

いまさらそんな地味なことをと一笑に付す人もいるでしょう。しかし、データサイエンティストのみならず、すべてのビジネスパーソンのマインドセットとして謙虚さを持ち続けることは得しかありません。

データサイエンティストやIT業界の専門職がよく使う言葉に**「車輪の再発明」**があります。車輪のように大昔に発明され、受け入れられている既存の技術や解決策の存在を無知や不勉強のために無視し、同じような（多くの場合、不完全な）物やアイデアをさも新たに発明したかのように作ったり自慢することを意味します。
無知、不勉強、創造性偏重といった揶揄《やゆ》のニュアンスでよく使われる慣用句ですが、ここで「なぜ車輪の存在を知らなかったのか？」の点を考えてみましょう。

重要度
★★★★☆

経験豊富な人ほど車輪の再発明に陥りやすい

車輪の再発明に陥りやすいのは、スタートを切ったばかりの新卒社会人ではなく、むしろ社会に出てそれなりに経験を積んできたビジネスパーソンかもしれません。インプットとアウトプット、どちらもそれなりの量をこなしてきて自信とプライドがあるからこそ、落とし穴にハマりやすい。

なぜそうしたことが起きるのか？　謙虚さを失って、先行事例へのリサーチや勉強が不足しているからです。

自己流のテクニックやアイデアに走った結果、肝心の学び、例えば先行事例がないかのリサーチや学術的な専門知識の習得が不足してしまい、車輪の再発明をしてしまう。先人の積み上げた知識を学ぶ手間をスキップして、自分の創造力を盲信しすぎると本質や状況を見誤りやすくなります。

たいていの人は自信と成功体験がついてくると、謙虚さを忘れてしまいがちです。**経験と初心はトレードオフ**であることを考えると無理もないでしょう。

しかし、研究者でもビジネスパーソンでも、真に優秀な人はたいてい謙虚です。謙虚にならざるを得ない、と言ってもいいかもしれません。

一人の人間が持てる思考と経験の幅は、人類全体の歴史や知見と比べるとごく狭いものです。賢い人ほど、そのことに人生の早い段階で気づきます。

上を見れば自分よりもっと優れた才能を持つ人がいた。
海外ではすでに同じアイデアを形にしている事例があった。
独創的だと思った自分のアイデアはすでに論文として発表されていた。

重要度

★★★★☆

そうした経験を繰り返していけば、おのずと謙虚に学び続けるマインドセットを持たずにはいられなくなるでしょう。

想像してみてください。事情があって1年間休職していた経験豊富で優秀な人が再び現場に戻ったとき、すぐさま以前と変わらず第一線に立てるでしょうか？　わずか1年離れただけでもツールや手法、業界をとりまく状況が移り変わるいまの時代、相当な努力がなければ難しいでしょう。継続的な学びはそれほどまでに大切なのです。

プライベートな場面では謙虚＝低姿勢という先入観を持たれがちですが、ビジネスの現場における謙虚さは少し違うかもしれません。

技術を扱うビジネスパーソンとしての謙虚さを大きく捉えれば、対人というよりは、**人類の英知への敬意**です。

はるか昔に人類の利便性を大きく変えるような発明をしてきた先人たちや、いくつもの失敗パターンを教えてくれる先行研究への感謝、そうした大いなる知への敬意が謙虚なマインドセットにつながっていくのです。

偉い人の前でだけ低姿勢に徹するのは権力や職位への畏れであり、謙虚さではありません。

すべてのアイデアには源泉があり、新しい科学技術でプロダクトやサービスの形で社会実装するためには必ず自分以外にも人の力が必要になります。大きなビジョンを描き、それを実現化しようとする人にとって、謙虚であり続けることは必然のマインドセットです。

本当に理解できているか？と自問自答する

何度もその文言を耳にするうちに、「ああ、あれね」とスムーズに思い出せるように

重要度

★★★★☆

なる。この現象は**「流暢性の罠」**と呼ばれるものです。

本人はわかったつもりでも、実は理解がまったく追いついていない現象です。

解けない問題の正解を見て「よし、わかった」と錯覚し、それ以上は追究しない。追究しないから、本当は理解できていないことに気付かない。「じゃあ説明してみて」と言われると、しどろもどろで実はわかっていないことが明らかになる。

インプット偏重型の人ほど、この「流暢性の罠」に陥りやすい傾向があるのでご注意ください。

プレゼンやディスカッションなど、自分主体のアウトプットの機会があれば理解の浅さに気付く確率も上がるのですが、インプットしっぱなしだと誰からも指摘されません。**記憶と理解は別物**です。

学びを継続していく上では、「本当に理解できているか？」と常に自問自答する慎重さも忘れずにいましょう。

40 壁にぶつかったら基本に戻る

学びをとことん突き詰めていくと、壁にぶつかることも増えます。その場合、最先端の情報のキャッチアップも大切ですが、その対極にある**基本文献に当たる**ことも壁を超える上で重要なマインドセットです。

最新情報のキャッチアップとアップデートだけでも、もちろんある程度の知識は得られます。しかし、基本文献を読むことで得られるような基礎知識がなければ、表面的な理解以上、さらにその先へ進むことは難しい。バラバラの情報を自分の中で統合する土台がないからです。

重要度

★★★☆☆

レファレンスワークで学びの深度に差をつける

そこでお勧めしたいのがレファレンスワークです。

ノンフィクションや専門書、学術書、科学論文などは、巻末に出典や参考資料、先行研究をざーっと並べた参考文献のリストが記されています。研究論文などではこれらの参考文献をレファレンスと呼ぶのですが、そこで紹介されている参考文献に実際に当たってみることは、学びを次のレベルに引き上げるために有効です。

ある技術や研究テーマ、トピックについての源流をたどっていくバックグラウンドリサーチと言ってもいいでしょう。研究者にとっては基本中の基本ですが、学ぼうとするすべての人にとって有効な手段になります。

ここで示す「文献」とは、特定のテーマや分野において**教科書的に使われる名著**と呼ばれるものや、直接の情報源となる**一次資料**のことです。その領域の現時点までの変遷やまとめ、過去のマイルストーンを探っておくことは、学びの基盤を築くために欠かせないプロセスなのです。

生成ＡＩを例に考えてみましょう。

ChatGPTを開発したオープンＡＩ・マイクロソフト陣営と追随するグーグルの熾烈な開発競争が繰り広げられています。

しかし、ＡＩの驚異的な進化自体はここ最近で唐突に始まったものではありません。大もとの技術としての起源は少なくとも１９５０年代まで遡りますし、これまでに3度の開発ブームが盛り上がっては潮が引いていく、という事象を繰り返してきました。

いま目の前にあるChatGPTというブームの盛り上がりしか見えていないと、技術的な背景にまで意識が向かいません。

ChatGPTはＧＰＴ-３という優れた大規模言語モデルと使いやすいインターフェースによってブレイクしましたが、そこに至るまでにはどのような技術革新があったのか？　ブレイクスルーとなった要因は？　そもそもＡＩの一分野である生成ＡＩとは何なのか？　それ以外のＡＩにはどういったものがあるのか？　そうした背景まで遡る参考文献に当たることで初めて知識の基盤が築かれていくのです。

知りたいことのテーマや分野がある程度まで見えてきたら、基本文献に当たる。このステップをするかしないかで、そこから先の学びの深度はまったく違ってきます。

重要度
★★★☆☆

大学1年生レベルの専門書を読んでみる

レファレンスワークの取り入れ方として、まずお勧めしたいのは**学術書**です。学術書とはある学問分野についての専門書と捉えてください。

専門書と聞くとハードルが高く感じられるかもしれませんが、ざっくり言えば大学などの教育機関、または研究機関で使われる教科書です。

テーマによっては大学1年生でも理解できるレベルで書かれているものも多くあります。そう思えば少しはとっつきやすく感じられるのではないでしょうか。

わざわざ「本」というかさばるオールドメディア（中でも学術書は重量があります）を手に取らなくても、インターネットで検索すればいいだろう。そう考える人のほうがおそらく多数派かもしれません。

しかし、ネットにある情報だけで知識の足場を固める作業は、実際のところ相当難易度が高い。ネットで集まる情報は、書き手もレベルも背景もバラバラな「断片」です。それぞれに発見はあっても、出所がバラバラですから体系的な理解はしづらい。また、ネットの海には役立つ情報と同時に、忙しいビジネスパーソンに向けて「1分でわかる」と称したあまりにも簡略化した誤情報や偏った意見も混在しているため、素人には判断が難しいのです。

その点、研究者や専門家によって執筆される学術書は、時という波の中である程度まで精査された後の**信頼性の高い情報**で成り立っています。

1冊の完結したパッケージですから、目次を見ただけでもその分野なりテーマなりの全体像がつかめる利点もあります。

ネットの海の有象無象から正しく必要な情報を取捨選択し、さらにそれぞれが全体像の中でどのように位置付けられるのかを理解する作業は膨大な時間を要します。本業で多忙なビジネスパーソンにとって、それだけを学びの手段とするのはあまり望ましくない方法でしょう。

それと比較すると、学術書や専門書へのアクセスは、**効率が非常にいい学び**と言えるはずです。

重要度

★★★☆☆

英語で検索すると最新情報の幅が格段に広がる

ところで、学術書にもデメリットがあります。最先端の技術や手法、発見が本として出版されるまでにはある程度の時間がかかる点です。

専門家がある程度確立した研究結果や応用事例などをまとめ上げることで信頼性が担保されるのですから、これはある意味では自然なことです。いまは最先端としてもてはやされていても、それが覆るような事象や新たな手法の発見がその次に来るかもしれないのですから。

さらに海外の専門書は日本語に翻訳されるまでに時間がかかります。タイムラグがあるならまだしも、翻訳されないままの専門書も多くあります。

この問題を解消する有効な手段としては、**英語の情報に直接当たる**のが確実です。

自ら英語で情報が収集できるようになると、目に映る風景がグンと広がります。学びを深めたい領域の最新ニュースや大きな発展を見せる新分野についての文献を英語圏でキャッチアップできるようになれば、レファレンスワークの幅は格段に広がるでしょう。

漠然と英会話だけを学んでいてもなかなか英語力は身につきませんが、**自分の仕事に関係している領域**であれば、背景とある程度の専門用語がわかっているぶん、理解が一気に進むはずです。

重要度

★★★☆☆

41 文系・理系に縛られすぎない

海外と日本を行き来しながら働いてみると、日本では「文系」「理系」の固定観念が欧米圏よりもネガティブな意味合いで使われることが多い印象を受けます。ネガティブな意味合いとは、自分が文系／理系であることを**免罪符**のようにしか使っていない、と捉えてください。

過去に文系を自称する人が、**「自分は文系だから」**を理由に、「数理モデルなんてわからない」「概念だけ理解できれば充分」といった言い方をする光景を何度も見てきました。文系だからわからない、理解しなくてもいい、エンジニアやデータサイエンティストに丸投げすればいい。そうしたときの免罪符として「文系」が持ち出されているのです。

では、逆に理系であれば価値を出しやすい社会なのかというと、そんなことはありません。「日本企業ではエンジニアは出世しにくい」「経営陣はジェネラリストばかり」といった類の嘆きをこぼしている人も珍しくありません。自身が持つ技能とプライドとは別に、組織構造への不満をくすぶらせている理系出身者もよく見かけます。

アメリカの名門大学生はダブルメジャーが多い

ところで、アメリカのハーバード大学をはじめとする名門大学では、**異なる分野を並行して専攻**する「ダブルメジャー」（二重専攻）の学生が多くいます。コンピュータサイエンスを専攻しながら、経済学の研究室にも所属する。そのようなイメージです。

重要度

★★★☆☆

日本の大学は学部ごとにはっきり区分けされている印象がありますが、アメリカでは学部の枠を超えて複数の専攻を選べる大学が数多くあります。そのため、ダブルメジャー、トリプルメジャー、さらには専攻を跨いで2分野での修士号の取得を目指すダブルマスターの学生もいます。

学問領域にある境界が日本の大学よりも飛び越えやすく、異なる分野を背景に掛け合わせた知識を持つ、**視野の広い人材を育成**しやすいと言えるでしょう。

また、北米の学生に多く共通しているのは、**自分の専攻をポジティブに語る**点です。「コンピュータサイエンスのこういう側面が好きなんだけど、認知心理学も面白いから、どちらも専攻することにした」というように、自分が選んだ学問の魅力をポジティブに語るのです。

多くの人が文系・理系のような選択をしたのはおそらく大学受験などを控えた高校時代でしょう。しかし、翻って考えてみれば、「10代の得意科目が何だったか」の動機で決めたくらいの選択が、その後の学

びの範囲を狭めてしまうのはあまりにもったいない思考ではないでしょうか。日本は大学入試がビッグイベントになりすぎたために、そのときに伴った選択をその後のキャリアでも引きずってしまう傾向があるように思えます。

文系・理系の区別自体はあってもいいと思いますが、その枠に縛られすぎると、学びの可能性もやせ細っていきます。

自身が文系・理系を選んだ動機を、免罪符的にではなくポジティブにとらえる。そうすれば、異なる分野を学ぶことへの抵抗感も薄れていくのではないでしょうか。

貪欲に学び続けることでキャリアパスを広げる

アメリカの大学は、入学よりも好成績での卒業のハードルのほうが高いことで有名

重要度

★★★☆☆

です。大学入学はゴールではなく、これから高度化する学びの新しいスタートラインであることをアメリカの大学生は知っています。アメリカの多くの大学において卒業条件を満たすことは簡単ではなく、単位取得のために膨大な文献の精読や課題をこなすことになります。

では、社会人になればようやく楽になれるかというと、今度はさらに熾烈な競争社会に飛び込んでいくことになります。

国境を越えてマーケットが拡大したことで、国内だけでなく海外からも来る優秀な人材と職を争い合う状況が生まれた上に、テクノロジーの急速な進歩が競争社会の激化を引き起こしました。思考停止、現状維持になったとたんに、人も企業も淘汰されていく。この潮流はすでに日本にも到来しています。

「自分は○○だからわからない」と過去に遡って免罪符を探している暇はありません。現実を直視した上で、貪欲に学び続けていくしか道はありません。

ＡＩやビッグデータ、クラウドコンピューティングが社会の基盤となった現実を前に、すでに20代、30代のビジネスパーソンは、**学び続けるしか道はない**ことを理解しているように見えます。

定年退職というキャリアのゴールが、先へ先へと延長され続けているさまを目の当たりにしている40代も同じでしょう。

逆に、キャリアのゴールがすでに目と鼻の先にある60代にとっては新しい学びなど当然ながら他人事のようです。

その狭間で、50代は、もはや新しいことを吸収する柔軟性はなくなり、フットワークも昔ほど軽くない。かと言ってこのまま逃げ切れるかどうかも危うい。そんなジレンマを抱えている人が多いでしょう。

業種やその人が置かれている状況にもよりますが、年齢に関係なく、新しい学びに無関心なままでいられる時代ではありません。学びを止めたビジネスパーソンの未来は非常に厳しいです。

危機感をモチベーションに変えて、キャリアパスを広げていきましょう。

重要度

★★★☆☆

42 SNSで関連領域をフォローする

SNSは双方向の学びを得られる必須ツールです。

日々、新しい動きがあるテクノロジー領域や自社の業界情報をインプットする作業を習慣化すれば、鮮度の高い情報を精査する目が養われるでしょう。

日々のニュースを受け止め、自分なりに解釈して言語化する作業を継続すれば、アウトプットの鍛錬にもなります。

さらに、専門家をはじめとした他のユーザーとの双方向の意見交換を通じて、コミュニケーション力を深めることもできるはずです。

仲間との情報交換で学びの質を上げる

その分野の著名人や業界リーダーの見識や意見を、メディアというフィルターを通さずに直接知れるのはＳＮＳの最大のメリットです。

新聞や雑誌のようなマスメディアでは扱われないトピックであっても、新しいトレンドやニュースはその領域の界隈では議論されるはずです。

運がよければ質問やリプライを通じて、直接やり取りできることもあるでしょう。印象的なやり取りができれば、その後のつながりを築くきっかけにもなるかもしれません。

情報交換やディスカッションは、学びの質をブラッシュアップしてくれます。その恩恵を得るためには、タイムラインを受け手としてただ見ているだけではなく、自分でも何らかの**意見をアウトプット**していきましょう。

重要度
★★★☆☆

自分の内から出てきた質問とそれに寄せられた回答は深く記憶に残ります。質問やコメントを通じて理解の深化を図ることもできるでしょう。自身の考察のプロセスや経験をSNS上でシェアしていけば、ネットワーク上での交流も促進されます。

自分ひとりで学びのモチベーションを維持・継続できる人はごく少数派です。短期的なスパンのものや、資格試験合格のような明快なゴールがあればまた別かもしれませんが、内発的動機づけだけで学びを継続できる期間はそう長くありません。

そこで有効なのが外部からの刺激です。

教育現場や組織の人材育成の場でも近年、よく用いられる**「ピア効果」**という現象をご存じでしょうか。

ピア効果とは、同じことに関心を持つ目的の近しい人同士が互いに刺激や励ましを与えながら学ぶことでモチベーションを向上させ、より高いレベルを目指せるようになる現象を表す言葉です。

その道の専門家の知見に触れられるのはもちろんですが、自分と同じようなレベルの仲間を見つけられるのもＳＮＳのメリットです。同じことに関心を持つ者同士で情報交換やアドバイス、意見のフィードバックなどを交わし合うことが刺激となり、モチベーションの維持にも効果的です。

ＳＮＳのリスクを知って批判的な思考力を鍛える

ＳＮＳはさまざまな専門分野の情報に簡単にアクセスできる情報の宝庫であり、新しい学びの「窓」でもあります。窓を覗いてみれば、自分にとっていま関心があるのはどの領域なのか、自社が検討すべき方向性、業界の今後の課題など、さまざまな風景が見えてくるでしょう。

コロナ禍を経てオンライン講座やウェビナーの数は激増し、参加もますます手軽になりました。時間や場所の制約が少なくなったぶん、自分のペースで学ぶことができます。

重要度

★★★☆☆

一方で、繰り返し述べてきましたが、ＳＮＳにも決定的なデメリットがあります。そう、情報の質がまったく担保されていないのです。

役立つ知見以上に、**噂レベルの憶測やデマ**も拡散されているのがＳＮＳの世界の現状です。

偏った意見に惑わされないためには、信頼できる情報源は常に複数持っておくことをお勧めします。主張や解釈が真っ向から異なる専門家をあえて**両方フォロー**しておくことも、批判的な思考力を鍛えるためには有効でしょう。

また、時間管理にも注意が必要です。

ここであらためて言うまでもありませんが、ＳＮＳでの情報収集は際限がありません。アプリごとに時間制限をかけるスクリーンタイム機能が必要なのは未成年だけではないかもしれません。

学びのためにＳＮＳを活用する場合でも、時間を効果的に管理することが重要です。目的にフォーカスし、貴重な時間を無駄にしないよう心がけましょう。

43 ネットワーキングを定期タスクにする

インプット、アウトプット、コミュニケーションのスキルを磨くことと同じくらいに身につけておきたいのが、ネットワーキングのスキルです。つまりは、**人脈づくり**です。

ネットワークを広げることで、ビジネスパーソンとしての価値は確実に上がります。

とはいえ、やみくもに手を広げるだけでは、浅く、実りの少ない関係性しか生まれません。そこでお勧めしたいのは、ネットワーク拡大に意識的に注力する期間を定期的につくることです。

重要度

★★★★☆

数か月に一度、社交スイッチをオンにする

日常生活の中でコツコツと人脈を新規開拓し、ネットワークを広げていくことはもちろん欠かせません。そうは言っても、日々の仕事や生活の中でネットワーキング開拓に意識を費やしたり時間を捻出することが大変、という場合も多いかと思います。

そのような場合は、例えば、数か月に一度の定期的なスパンで「ここからの2週間はネットワークに注力しよう」という時期を意識的につくることで、自分にとって本当に有益なネットワークが構築できるようになります。

その時期になったら自動的にリマインダーが飛んでくるようにセットしておけば、心理的な負担はずいぶんと軽くなるはずです。

「自分は社交的なタイプではない」「人付き合い自体がそもそも苦手」との意識がある人ほど、この方法は向いています。

この日から2週間はネットワーキング期間と決めてしまい、その時期は自分の中の社交スイッチをオンにする。それ以外の時期は、普段通りの自分に戻ってインプットとアウトプットを継続していく。

そんな風にメリハリをつけたリズムをつくってしまうと、ネットワーキングが習慣化していきます。

1対nと1対1のネットワークを使い分ける

また、一口にネットワークを広げると言ってもさまざまな形があり、そのときどきのキャリアのステージによって必要なネットワークも変わってきます。

まったく伝手もなく、**最初の一歩を踏み出したい**ときは、1対nの場、講演会やオンラインセミナー、企業カンファレンスなどへの参加から始めましょう。一歩

重要度

★★★★☆

踏み出せば、次はどちらの方向へ進めばいいかが見えてくるはずです。

対面の講演会やイベントであれば、質問タイムでは必ず何かひとつ質問を投げることを目標としましょう。

ただ聞き役に徹しておしまい、というだけでは、ぼんやりとした満足感しか得られません。

目の前の相手がシェアしてくれた知見を、自分の会社や業界に置き換えて疑問を探し出してください。いきなり遠くまでは見えなくても、まずは自分の足元を掘り起こしてみることが大事です。

一方で、顔見知りの関係性であれば、直接連絡を取り合って1対1で話を聞くのが最も有効です。

権威ある専門家に教えてもらうよりも、その分野に詳しい旧知の仲の相手のほうが気軽に質問もしやすいはずです。

「あの人はこの領域に詳しかったはず」という相手の顔が思い浮かんだら、まずは連絡を取って話す機会を積極的につくっていきましょう。オンラインミーティングの形で開催すれば、忙しいスケジュールの中でもお互いより時間的制約が低くなります。

次のステージに踏み出したいとき、具体的な課題が見えているときほど、1対1のネットワークから得られる情報が役立つはずです。

ただし、あからさまに「相手を利用する」という打算的なスタンスが透けて見えると、相手からの信頼度が低下してそれきりになってしまうことも。自分がギブできる情報は惜しみなく与えることも忘れないようにしましょう。

投資家としてベンチャー起業家に会うと、若いときのネットワーキングの重要さを感じます。なぜなら時間は決して過去には遡れないからです。人間はそう簡単に変われません。目の前にいる相手が事業に真剣かどうかは、その場だけで判断するよりも、その人に10年前に会っていて、素行を把握していれば、ある程度までは見極めやすいからです。

重要度

★★★★☆

ネットワーキングは、**積み重ね**がものを言います。転職するたびに断ち切るのではなく、広げ、積み重ねていくスタンスを意識し続ければ、思わぬところで結び付いていくでしょう。

一方で、ネットワーキングにはなかなかすぐに効果が見えにくいという側面もあります。

１０００人に会って、ほとんどの出会いがすぐには形にならなくても、５人と実りある関係性が築ければ費用対効果は十分と考えてＯＫでしょう。

共に価値を共有できるような、密な関係性に転じる可能性は常にありますが、そこに至るまでには焦らず、多くの場合はＳＮＳなどやりやすい手段でつながっているだけでとりあえずはいい、という割り切りも必要です。

44

不安は成長するための最高のエンジン

いま、あなたにとって会社は心地よい場所でしょうか。

「合わない人もいるが職場の人間関係にそこまでストレスはない」と感じるのであれば、それはもちろん幸運なことです。

では、仕事面ではどうでしょうか。

キャリアも年齢も重ねてきたおかげで、ルーティンワークが大半を占めているから、「いまの職場、めちゃくちゃ楽だな！」と感じて素直に喜んでいる。そんな状態は、実は相当に危ない。なぜなら、楽をしている分、自分の成長機会を放棄しているわけで、他の人材に比べて相対的に競争力を失っていくからです。

逆に言えば、成長の伸びしろがあるのは、不安をしっかりとキャッチできている人です。

自分はこのままでいいのだろうか？　この職場にずっととどまっていて成長できるのだろうか？　と悩んでいるのは、時代の急速な変化とそれに伴う危機感を正しく受け止めているからです。

重要度

★★★★★

成長しないことが不安な人ほど伸びる

正しい不安はビジネスパーソンにとって、**仕事で成長する大きな原動力**にもなります。

知らないことに対して不安を感じれば、まずはキーワードやトピックだけでも目を通してみる。知識が増えると、解像度が上がった結果として、何がわからないかという具体的な疑問が次々と出てくる。そうすることで理解できる内容がだんだんと増えていきます。

この好循環に乗るためには、いまの自分が持つ能力や知識は常に十分と言い切れることはありえないことをまず自覚しなければなりません。

誰であれ、同じ場所で成長し続けるには限界があります。

勇気を出して**コンフォートゾーン**（快適な居心地のいい場所）から一歩外へ出てみましょう。コンフォートゾーンに安穏ととどまることは、新たな挑戦や変化を避けているのと同じです。

ご自身の過去を振り返ってみてください。勉強、スポーツ、仕事、人間関係など、何であっても「成長」を実感できたのは、負荷がかかった局面、挑戦すべきステージだったはずです。

新たな領域に飛び込み、いまの自分より上を目指していくことでしか、成長の機会は得られません。

慣れた場所で、慣れた仕事を、慣れたやり方でこなしていく。そのルーティンに首まで浸かってしまうと、そこから先の成長は困難です。

重要度

★★★★★

自己成長できるのはラーニングゾーンだけ

もちろん、新しい挑戦や変化は一定のリスクを伴います。ときには恥をかき、失敗をすることもあるでしょう。すんなりと理解・実践できることは最初のうちはごくわずかかもしれません。

けれども、新たな環境に身を置くことで、これまで使ってこなかった筋肉が鍛えられる手ごたえが徐々に得られるはずです。

挫折や失敗によって、逆に自分の強みがくっきりと見えてくることもあるでしょう。視野が広がることで、**柔軟性や問題解決能力**を養うこともできます。

人が最も成長できる場所は、快適なコンフォートゾーンではなく、その一段上にある**ラーニングゾーン**（未知の領域を学ぶ場所）です。

だからこそ、いま自分の中にある不安をうまく利用してください。不安はラーニングゾーンにたどり着くための最も効率的なエンジンだからです。

また、ラーニングゾーンに自分を置き続けることで、喜びや感謝、好奇心、誇りなどの**ポジティブ感情が形成**されやすくなるという研究結果もあります。

学びを新たに始める上では不安を原動力として利用し、学びをひとたび始めればポジティブ感情が大きくバックアップしてくれるます。

自分を成長させる上で根本にあるのは、結局のところ**「自分の価値をどうやって最大化させるか」**です。

時流とタイミング、持っている知識と経験、バックグラウンドを踏まえた上で、

自分はどんな価値を出せるのか？
この価値の出し方で合っているのか？
どこまでこの方法で続けられるのか？

重要度

★★★★★

と立ち止まってチェックすることも大切です。

会社や社会への貢献にはさまざまな形があります。10年後、20年後の自分は、どんな形で価値を出していけるのか？　それを自分なりに予想して積み重ね、最大化していく。それがキャリアパスと呼ばれるものです。

45 昨日までの常識を取り除く

ひとつの場所に長くとどまり続けると、いま自分の目の前にあるものこそが「普通」だという思い込みが無意識に強化されていきます。

組織にすんなり順応できる人は、見方を変えれば組織のルールに抵抗なく呑み込まれているのと同じです。そして、狭い世界での限定的な「常識」に固執するクセがついてしまうと、個としての成長は間違いなく妨げられます。

しかも、組織の中にすっぽり収まっている限り、そうした思考のクセや偏りを自覚できる機会はなかなかありません。

重要度

★★★★☆

思考のクセが固まると
イノベーションが遠ざかる

日本の伝統企業の多くは、長い歴史と確立されたビジネスモデルをセットで抱えています。そのため、市場の変化やテクノロジーの進歩を情報として把握していても、それに柔軟に対応したり、自社に取り込むことは概して苦手な傾向にあります。

「前例がない。ずっとこの方法でやってきた」という一言で新規プロジェクトにストップがかかることも珍しくないでしょう。

前例とは、すなわち**判断材料として参照する規準**です。既存のルールに縛られているままだと、不確定要素のリスクばかりに目が行ってしまい、いつまで経っても新しいことは始められません。こうした大企業体質もまた、新しいアイデアや視点を活かしてイノベーションを創出することの妨げとなっています。

ビジネス環境は日々めまぐるしく変化しています。自社だけの常識や思考のクセに固執していると、新たなトレンドや技術の出現、市場の変化などに柔軟に対応していくことはますます難しくなります。

「社の顧客基盤を活用してデータで新たなビジネスが立ち上げられないか」というような視点は、そもそも過去に存在しなかったため、既存の事例もいまはまだ存在しないかもしれません。

複雑で多様な新しい問いや課題に対応し続けていくためには、**柔軟な思考と多角的な視点を持つ**必要性があるのです。

新たな学びの場に自ら飛び込む

思考のクセを自覚できるようになるのは、コンフォートゾーンを飛び出し、違う世界に一歩足を踏み入れてからでしょう。思考のクセやものの見方の偏りに気づける頃には、組織におけるイノベーションの促進という意味でも価値を出せるようになって

重要度

★★★★☆

いるはずです。

新たな学びの場へ飛び込む、新たな知識やスキルを習得することは、知らず知らずのうちに凝り固まった思考パターンに必ずよい影響を及ぼしてくれます。

その意味で、新卒入社した会社にずっと勤務している社員は、「自分の思考は自社だけに通用する常識に染まっている」との前提に立ってすべての仕事に向き合うべきでしょう。

一度でも転職というステップを挟めば、**同じ業界でもここが違うんだな**との発見が大なり小なりあるはずです。

自分が思い込んでいた常識が、狭い範囲のルールに過ぎなかったことに気付くきっかけにもなるでしょう。新しい職場や職務での経験は、将来のキャリアパスにもつながります。

業種を超えた転職であれば、さらにルールは激変し、視野も格段に広がっていきます。ビジネスパーソンとして複数の視点と視座が備わると、問題をより多角的に捉えられるようになるため、クリティカルシンキングのスキルも磨かれます。

業界を飛び越えたことで、新たな人脈を築く機会も必然的に増えるでしょう。新しいネットワークは情報交換やビジネスチャンスの創出にも役立つはずです。

転職を無闇に推奨するわけではありませんが、思考の偏りや限界にとらわれず、柔軟な視座を持てるようになるという意味では転職は有効です。

私（松谷）が、これまで分野や領域を変える際に重視してきたのは「転職前のヒアリング」です。転職を検討し始めた段階で、その会社にかかわりを持つ人、または関連する業界の人にコンタクトを取り、話を聞くようにしました。このとき、判断基準のひとつになるのが「違和感を抱かないかどうか」です。「仕事への根本的なスタンスが違う気がする」「社風がマッチしないかも」といったかすかな違和感は、自分が価値を出せる環境であるかを判断するために見過ごさないべきです。

重要度

★★★☆☆

46 ビジネスには直感が重要なときもある

データサイエンスでは、統計分析やＩＴスキルを駆使し、データにもとづいて課題に対する洞察を得るスキルが求められます。では、高度な数理モデルなどを駆使したデータ解析と理論がデータサイエンスのすべてかというと、そうとも言い切れません。

自社の提供するプロダクトやサービスが、市場においてどれくらい売れるのかをさまざまな方向性から予想する「需要予測」という領域があります。

近年、ＡＩ活用が進んできたファッション・アパレル業界では、ＥＣサイトでの直近の購買データとタグなどの商品情報を用いて個々のアイテムの特性を細分化・分類した上で、「今シーズンの残りでこの商品であれば、これくらいの売上を見込めるだろう」と予測することが可能になっています。

現実には、過去2週間の売れ行きを見て、直近の売上予測であれば販売方針を決められる程度の精度で可能ですが、例えば1年後に対しての需要予測などはほぼ意味を成さないことが多いです。

経験にもとづく直感が需要予測を覆すことも

リスクを抑え、コストを最適化し、無駄をなるべく出さずに利益を上げる。ビジネスにおいてこれらは重要な要件です。

データをもとに予測を立て、製造・販売していく。こうした需要予測は言葉の響きもあってか小売などにおいて広く期待される手法なのですが、実際はあくまでも理論上の予想に過ぎず、予測する時間軸が長くなればなるほど不確定要素が大きくなるた

重要度

★★★☆☆

め、精度の高い予測は難しくなります。

「データ分析の結果、こういう予測が出ているからこれくらい売れるだろう」と受動的に製造戦略を立てても、直近はそれでうまく捌けても長期的なトレンドを保証するものではありません。

一方で、業界知識のあるメンバーによる**直感に基づく意思決定とコミットメント**が、データをもとにした需要予測を覆すケースも往々にしてあります。「この商品は絶対に今、求められるものだ」と経験あるディレクターが直感的に判断し、強力なトップダウンで「売っていくぞ」と推し進めていけば、そのコミットメントが売上に大きな影響を及ぼすこともあるでしょう。

売るために実行するさまざまな実際のマーケティング施策を通して、社会のトレンドも変化するからです。

社会のように不確定要素が多く、人間活動による複雑に絡み合った要因と変化が常の環境では、長年の現場経験や洞察に基づいた直感的な判断が大いに役立つこともあります。

このように、データだけでは判断しづらい複雑な状況や、長期的なトレンドに対する展望においては、直感は意思決定を後押しする重要な要素になります。

いまだすべての事象を数字に変えてデータ化する、またはそれらすべてを考慮するような分析を実際に行うことはほぼ不可能であることを考えれば、当然のことでしょう。

ただし、ベテランの発言ばかりに重きを置いてしまっては、結局のところ人の勘と意見だけに価値が置かれ、データが示唆している顧客の嗜好や購買行動の変化など大きなシグナルに気づけないことがあります。

その意味でも、データからの洞察や予測が、企業の意思決定や戦略策定において重要な役割を果たすことは間違いありません。**双方を補い合う形**でリスクを抑えながら機会を最大化する道を探るのが正解でしょう。

重要度
★★★☆☆

意思決定の最後のひとさじ

生成ＡＩの普及は目覚ましいものですが、ではデータサイエンスのツールの１つでもあるＡＩに企業の意思決定をまかせられる未来は近いかというと、当面は非現実的と言わざるを得ません。

ＡＩが得意とするのは、データに内在する傾向やパターンを捉えることであって、その先の段階、つまり状況に応じた柔軟な判断や感性を反映させたフィードバック、また叙述的な視点を持つことは現状のＡＩにはまだ困難です。

ビジネスは研究室の実験のように、限定的な空間で行われるものではありません。現場を知る人間の経験や情熱、それに基づく洞察力、直感的な判断、そしてそれらの結果を引き受けられるのは、やはり人間の役回りです。

データの重要性を共有し、可視化された洞察に基づいた意思決定や改善サイクルを推進していくことは、これからのビジネスのメインストリームです。どの変数が重要かを論理的に見定めることなしに、もはや意思決定は下せません。

ただし、意思決定の最後のひとさじとして直感は有用です。人間の頭脳というＯＳで長年培われてきた知見が、直感という形でアウトプットされるからです。

データサイエンスの論理性と直感は、相互に補完し合うことができるアプローチです。データサイエンス思考は**数字と合理性に基づいた意思決定**をサポートし、直感は**総合的な判断や創造的なアイデアの発見**に貢献してくれます。

データサイエンス思考と直感をバランスよく活用することで、包括的な結論を導き出せるようになるはずです。

重要度

★★★☆☆

47 ハードワークで得るものは大きい

ハードワークで得るものは大きいと言われても、そんな昭和モデルな働き方はしたくない。プライベートの時間も大切にして無理なく長く働いていくつもりだ。そう考える人も多いでしょう。

もちろん、人生の優先順位は人それぞれですから否定はしません。

けれども、数十年続くであろう長いキャリアの道のりを考えると、どこかでギアを入れてがむしゃらに頑張る時期を経験することが財産になることも事実です。

部活やクラブでスポーツを続けてきた人であれば、「がんばりどころがある」ことを、身をもって知っているのではないでしょうか。

ゆるいモードで続けているだけでは、壁に向き合う苦しさも、それを乗り越える成長も得られません。

ハードワークは手段であると自覚する

仕事も同じです。それぞれの状況もあると思いますが、多くの人にとって体力に余裕がある若いうちにキャリアの基盤をつくっておくことは、その後の人生において必ずプラスになります。

20代の若手と呼ばれる時期は、さまざまな経験を積み、何度でも挑戦と失敗を繰り返せる**成長著しい特別なステージ**です。水をぐんぐんと吸うスポンジのように、ハードワークの成果が経験や基礎力となって自分自身のものになるでしょう。

どんなアスリートであっても、基礎体力づくりは欠かせません。若手の時代は、仕事人としての基礎体力をつける時期だと捉えておくとよいでしょう。

重要度

★★★☆☆

ただし、ここで注意してほしいのは、ハードワークそれ自体を目的にしてはいけないということ。仕事に時間と労力を注ぎ、ときに自分に負荷をかけることは、あくまで手段のひとつに過ぎません。

ハードワークは**自己成長のためのルート**のひとつです。

「20代でこんなに年収を稼げている！」と得意になったり、「これだけ長時間労働をさせられているのだから成長できるはずだ」との発想に陥ったりすると、その後のキャリアパスが迷走してしまうことも。

自分はここで情熱を燃やすことができる。
目指す先に向かうためにはこのステップが必要だ。

このような内発的動機、モチベーションや自覚が根底になければ、ハードワークは意味がありません。

自分のために使える人生の時間は限られている

自分のためだけに使える人生の時間は、残念ながら意外と限られています。育児、親の介護、パートナーや家族の病気やトラブルなど、何が起きるのかわからないのが人生です。

もちろん、自分自身が病気やメンタル不調で働けなくなることだって十分にありうるでしょう。人生の後半戦に向かうほど、「仕事にだけ向き合っていればいい」とはいかないのが普通です。

そう考えると、体力と気力が充実している若いうちに挑戦的な環境でがむしゃらに経験を積むことは、**人生後半戦への貯金**になります。20代のうちに出せる馬力と、50代になってから出せる馬力では、前者のほうが上でしょう。早いうちにフルコミットした経験をすることで、その後の調整も利きやすくなるのです。

重要度

★★★☆☆

話は少し変わりますが、私（松谷）は以前、留学相談を受ける機会がよくあったのですが、相談に来る若者たちは面白いほどきっぱりと2種類に分かれます。

まずは、挑戦することを決意した上で、具体的なディテールを知りたくて話しに来る人です。こうした学生たちは留学する**決意がすでに固まっている**ため、こちらがリスクやマイナスの側面をある程度フラットに話しても、意思が揺らぐことはありません。

一方で、心のどこかで留学しなくていい**言い訳を探す**ために、話を聞きに来る学生も意外と少なくありません。そうしたタイプの学生は、話のどこかで言い訳モードに入ります。日本の将来に対する危機感や可能性を広げたい気持ちもあるが、大変そう、自分には無理だろうとなんとなく思っており、その考えを正当化するために話を聞きに来るパターンです。

ハードワークや挑戦で得るものが多いことは理解していても、常に無理せず過ごしたいという人もおそらく同じでしょう。それでも楽なほうに流れず、仕事の体力をつけておくほうが、のちの自分の助けになるはずです。

48 どんな小さな仕事でもリーダーシップをとる

これからの時代のビジネスパーソンにとっては、一人ひとりがリーダーシップを持つこともまた重要なマインドセットです。

そもそもリーダーシップは、生まれ持ったセンスや性格だけで決まるものではありません。個人主義的な傾向が強いアメリカでは、幼少期から自分の意見を持ち、外へ発信するトレーニングが小学校の段階からしっかりと教育カリキュラムに組み込まれています。

そのため、学校教育の現場でディベートやディスカッションを経験してきた場数のキャリアが、日本人よりも格段に多いのです。

ビジョンを持ち、目標に向けて自分自身と他人を導くことができる人材が多い背景

重要度

★★★★☆

には、そうしたアメリカの教育制度も大いに影響しているでしょう。**「発言をしないことは、その場にいないのと同じ」**という認識を持っているアメリカ人は決して少数派ではありません。

優れたリーダーは人と状況の変化を観察する

日本人は「自分にはリーダーシップなんて全然ない」と思い込んでいる人の割合が他国に比べると非常に多いのですが、そこには「声が大きく、カリスマ性のある人間こそがリーダーに向いている」という誤解が根底にあるようです。

リーダーにもさまざまなタイプがいます。その中でも優れたリーダーシップに共通する特性のひとつが、**人をよく見ているかどうか**、つまりは観察力です。

声の大きさや社交性などは、あくまで表面的なものに過ぎません。リーダーたるべき人にあってもいいが、なくても成り立ちます。それよりも、組織の中でリーダーシップを執る上で、基盤になるのは観察力にほかなりません。

自分の仕事で常に手一杯な人は、後輩の進捗や、チーム全体の状況にまでなかなか目が行き届きません。目が届かなければ、もちろんサポートもできません。

しかし、優れたリーダーは、自分以外の人や状況の変化をよく観察した上で、どうすればチームとして目標に辿り着けるか、個々の力をスケールさせられるかを判断できるスキルを持っています。

タスクを適切にチーム内で振り分ける際にも、進捗を管理するときにも、個々のモチベーションを引き出すためにも、ベースになるのは観察力です。

観察力は、特殊能力ではありません。後天的に取得可能なスキルであり、誰でも意識すればトレーニングである程度は鍛えられます。

チームメンバー、取引先、経営者、それぞれの立場を想像し、意識的に関心を持ち、注意深く観察してみましょう。そこから気づいたことを、日々の業務をより効率的・効果的にこなすためにどう活かせるか主体的に考えてみてください。

どんな小さな仕事であっても、自分の中でリーダーシップを育てる小さな一歩に変えていく。そうした意識を持つ社員が一人でも増えていくと、組織は変わっていきます。その意味では、**全社員がリーダーシップを持って行動できる組織**こそが最強と言えるのかもしれません。

重要度

★★★★☆

年上にも年下にも信頼される関係を築く

そもそも、日本人が思い描くリーダーシップの形はやや偏っているようです。「剛腕」「カリスマ性」「決断力」といった、一昔前のリーダー像のイメージがまだ根強くあるからこそ、自分はリーダー向きではないと考えている人が多いのでしょう。

しかし、現実のリーダーシップの形は多種多様です。

最近のベンチャー企業を見渡してみると、**人懐っこいタイプのリーダー**が多い印象を受けます。

年上から可愛がられ、年下からは慕われる。相手の立場に関係なく、信頼を得ることができる。変化が激しい時代だからこそ、すぐにピボットできる**柔軟性の高いタイプのリーダー**が増えているのかもしれません。

1を100に伸ばすようなわかりやすい形だけがリーダーシップではありません。例えば、「生成AIを使ってこの業務を効率化してみました」などのプロジェクトを日々の業務に加えて立ち上げることも、0を1にするリーダーシップと捉えることができるでしょう。

ちなみに、リーダーシップとマネジメントは本質的には異なるものですが、重なる部分も多くあります。

ざっくり分けるとビジョンや目標を掲げ、自らまたはチームのモチベーションを引き出すのがリーダーシップであり、目標達成のためのプロセスを設計し、管理・運営していくのがマネジメントです。

組織やチームを運営していく上では、言うまでもなくどちらも必要不可欠です。

重要度

★★★★★

49 社会に価値を創造しているかを考える

「自分は会社に価値を創造している」と、あなたは胸を張って言えますか？

本書でここまで繰り返し述べてきたように、データサイエンティストがビジネスの現場で取り組む仕事は、地道なコンサルティングワークがスタート地点となります。現場や経営層の課題に対して必要なデータを取得し、業務改善や事業にかかわる重要な意思決定の判断材料となるような分析やモデルを提供していく。

そうした継続的な実績を積み重ねながら、さまざまな現場や経営層とコミュニケーションを重ねて、データを活用できる機会を広げていきます。

このプロセスには時間を要することもあり、会社に大きな価値を創造していると躊躇なく言うには最初は厳しい面もあります。

サバイブし続ける人の価値観

しかし、会社に貢献できる価値の形は、売上などのわかりやすい結果だけではありません。

あなたがいまいる立ち位置から、自社の経営陣やマネジメント層には見えていない課題がつかめるかもしれません。それを明確にし、伝えていくこともまた、大きな意味での価値の創造と言えるはずです。

そのために必要なことは、やはり個としてリーダーシップを持ち、目の前の仕事に自立的に取り組んでいくことです。「自分は管理職ではないのだから、そこまでやる必要はないだろう」と線を引いてしまうと視野は一気に狭まります。

小さなところからイニシアティブを取り、プロジェクトを立ち上げてみることに挑

重要度
★★★★★

戦してみましょう。

社内で動くことが難しいのであれば、自分が身を置く環境を変えてみてください。夜間のビジネススクールに通う、副業を始める、大学院に進学するなど、もうひとつ別の学びの場を持つだけで、多くの気づきや発見が得られるはずです。

自律的な学びは巡り巡って、会社への貢献にもつながっていくでしょう。

昭和の日本企業においては、社長や部長に気に入られることが昇進への足掛かりでした。如才《じょさい》なく振舞える世渡りがうまいタイプか、「社長にずっとついていきます！」といった素直で忠誠心が強いタイプ。いずれかであれば、年功序列の枠組みにすっぽりと収まることができ、社内に居場所ができました。

しかし、時代が変わり、常に意思決定を迫られる経営者やマネジメント層にとって、イエスしか言わない部下は何の助けにもならなくなりつつあります。

その代わりに必要とされるのは、**社長や上司相手でも異なる意見を述べることができる社員**です。自分なりに意見を持ち、「自分はこう思います」とストレートに意見を出せる。サッカーの試合にたとえるならば、パスを出し合えるような関係性の社員です。

そうした部下であれば、常に最善の答えを探し続けている経営者にとっては、これ以上ない強力な助っ人、またはキャッチボールの相手になるはずです。

成長できないと感じたら居場所を変える

会社は個人の集合体でもあります。個の成長が大きくなれば、その社員がいる組織もよい方向へとスケールしていくでしょう。そして、個人がそれぞれに能力を発揮できるようになれば、タイムラグがあっても最終的には必ず会社の価値につながっていくはずです。

組織はコア業務を担う事業の担当部署だけが価値を生み出しているわけではなく、さまざまな部署が直接的または間接的に絡み合って価値を創造しています。

その構造を可視化させることもまた、データサイエンティストの業務のひとつと言

重要度

★★★★★

えるかもしれません。

一方で、「いまの部署では、どうしても成長できない、価値を生み出せそうにない」と感じているのであれば、異動願いを出して他部署へ移る、他社に転職するなど、居場所を変えるのが最善となるケースもあります。

この本で解説してきたデータサイエンスの思考法を身につけていれば、どのような部署でも会社でも、価値を生み出すことができるでしょう。

あなたが所属している部署、ひいてはいまの会社自体も、5年後に消滅している可能性はゼロではありません。

上司や会社の方針を絶対の「正解」と思い込むのはやめましょう。会社という枠自体も、社会全体から見れば小さな存在に過ぎません。

「会社に価値を創造しているか」と悩むよりも、時には**「社会に価値を創造できるか」**と自問することのほうが大切ではないでしょうか。

50

会社に縛られることなく、自分で仕事を選ぶ

ここ数年で「働く」の定義も、「優秀」の意味するところも、大きく変わってきました。ルーティン化した日々の業務を効率よくこなすだけの能力には、もうさほど価値はありません。

変化はチャンスを連れてきます。

会社に価値をどうつくり、どう貢献するかを考え抜くことも大切ですが、その後にいまいる場所で本当にいいのかと問い直してみることも間違いではありません。

いまいる場所で成長できているか？　と一通り考えたあとは、視点をより引いて**社会に価値を創造するために何をすべきか？**　と自問してみてください。

それを真剣に考え抜けるのは、世界にただ一人、自分だけです。

重要度

★★★★★

最新のスマホを分解すると見えてくるもの

私（松谷）の知人に、最新のスマートフォンが発売されるたびに、いち早く購入しては分解しているエンジニアがいます。

最先端のエッジコンピューティングを目の当たりに確認できるからです。

ユニークの一言で片づけるには、あまりにも多くの示唆に富んでいるエピソードだと思いませんか？　データサイエンティストの基本姿勢も、突き詰めていくとこの行動と重なります。

データサイエンティストに必要不可欠なスキルとして「**分析力**」があります。分析力とはただツールやモデルを使って数字をいじればおしまい、という単純なものではありません。

まずは、何のためにそのデータを分析するのか、分析することにどのような意味があるのかを踏まえ、課題と目的を明確に定めなければなりません。

とりあえずなんでもいいからデータやモデルをいじってみようという見切り発車は、データサイエンスの世界では通用しません。

分析手法や数理モデルを使い、ひとまずの分析結果を導き出すのは、その後の段階になります。外から見れば、このステップだけがデータサイエンティストの仕事に見えるかもしれません。実際に、かける時間または労力としてこのステップの比重がとても大きいのは事実です。さらに多くの場合、このステップと前段階の課題の見直しを繰り返し、実際の分析を進めていくことになります。

そしてここまでの各ステップと同じく大切な仕事のひとつは、それらを経ての最終ステップ、すなわちデータ分析で得られた結果を、必要とする**相手に何をどのように伝え、価値に変えていくか**です。

インプットとアウトプットの技術、現場との協働を円滑に進めるコミュニケーショ

重要度

★★★★★

ン力、そして、自分の成長を追い続け最新の事例や手法の知識を常にアップデートするマインド。これらを常に求められるのが、最高の報酬を手にするデータサイエンティストなのです。

最終ゴールは働き方を自分で決めること

近道はそうそうないし、解はすぐには手に入らない。

データサイエンスを学ぶほどに、そう実感することが増えていくでしょう。

データサイエンスは実際のビジネスに根ざした実学だからこそ、日々現実社会で学びを深めるほどに多くの気づきをもたらしてくれます。

物事をより深く理解するために、解像度を上げることの大切さ、そのために必要なデータを特定する力、仮説を持つことの重要性、フィードバックを得ることでもたらされる洞察などのスキルは、**どの業界へ行っても必ず役立つ**はずです。

副業、転職、独立などのキャリアチェンジを考えたときも、データサイエンス思考とその実行力が身についていれば、より大きく可能性は広がります。

自分にフィットする仕事を選択できるようになる。
自分で仕事をつくることもできるようになる。

そんな**働き方をより自由に選べる**ようになるでしょう。

データサイエンスの目的は、ビジネスを科学することで社会に価値を提供することです。

ですが、それだけではもったいない。データサイエンスの思考法は、会社に縛られることなく、自分の働き方を、自分の生き方を、自分で決めるための思考法と実行法を手に入れることにも大変有効です。

ぜひ、データサイエンティストの知的生産術を、あなたの仕事だけでなく、あなたの人生に活用してください。

おわりに

本書を最後までお読みいただき、ありがとうございます。

読者のみなさんの多くは、生成ＡＩなどがきっかけでデータサイエンスに興味を持ったり、いまの仕事にデータサイエンスを取り入れようとしているビジネスパーソンだと思います。

本書で何度も繰り返してきましたが、テクニカルな分析手法やモデルはあくまでも手段です。これらを学ぶだけでは、実際のビジネスの課題を解決して、社会に価値を創造することはできません。

より重要なことは、データサイエンスの基本となる思考法をベースに、現場や周りと協働しながら実践してみることです。思考法を学ぶことよりも、それを実行することのほうが難しいのです。

これは、私たち二人の共通意見ですが、よくあるデータサイエンスの入門書にまとめられた専門知識そのものだけが、その本当の強みの本質ではありません。

ですから、本書を執筆するにあたって二人で議論したことは、「実際のビジネスの現場でデータサイエンスを取り入れる必要に迫られたビジネスパーソンにとって、普遍的に、しかもサステナブルに役立つことは何か」です。

本書で述べた項目の多くが、データサイエンティストだけが学ぶ特殊な内容ではありません。どの会社でも、当たり前のように求められていることだと思います。

最先端のデータ分析の手法が学べると思っていた方はもの足りなさを感じているかもしれませんが、世界の最先端企業が高額の報酬を提供するデータサイエンティストは、本書でまとめた基本的なことを習慣にしている人たちなのです。

もし本書を読んで、もっと実際のデータサイエンティストの業務について知りたいと思われた方は、ぜひそれらの専門書を手に取ってみてください。

本書を最後まで読んでくださったビジネスパーソンのみなさんがここまで培ってきたそれぞれのキャリアは、それだけですでに価値があります。

その上で、いまあるキャリアの価値を最大化することを目指すのであれば、データサイエンスの考え方は必ず役立つはずです。これまでのキャリアに掛け合わせることによって、可能性の幅がより広がっていくからです。

本書で述べてきたデータサイエンスの思考法や知的生産術は、あらゆる会社、あらゆる業界で実践することが可能です。ここから先の長く続くあなたのキャリアを底上げし、飛躍させるための武器になります。

最後に、本書でもすでに述べたことですが、二人がいまでも習慣にしている大切なことを、もう一度お伝えして本書を終わらせたいと思います。

働いている限り、生きている限りは学び続ける。

どんなに世の中が変化しようとも、自分の力でサバイブできるのは、学び続ける姿勢を捨てない人だけです。

【著者紹介】
山本康正（やまもと　やすまさ）
東京大学で修士号取得後、NYの金融機関に就職。ハーバード大学大学院で理学修士号を取得し、グーグルに入社。フィンテックやAI（人工知能）などで日本企業のデジタル活用を推進し、テクノロジーの知見を身につける。日米のリーダー間にネットワークを構築するプログラム「US-Japan Leadership Program」諮問機関委員。京都大学経営管理大学院客員教授。日本経済新聞電子版でコラムを連載。著書に、『シリコンバレーのVCは何を見ているのか』（東洋経済新報社）、『世界最高峰の研究者たちが予測する未来』（SBクリエイティブ）、『アフターChatGPT』（PHP研究所）、『テックジャイアントと地政学』（日本経済新聞出版）など。

松谷　恵（まつたに　めぐみ）
東京大学工学部航空宇宙工学科卒業。マサチューセッツ工科大学航空宇宙工学科博士課程修了。NASAラングレー研究所等での航空機制御理論研究を経て、ゴールドマン・サックス（東京・NY）にてクオンツストラテジストとしてトレーディングの自動化に関する研究開発に従事。その後、eコマースプラットフォームにて取締役CSOとしてデータ戦略およびAI研究開発組織の立ち上げを推進。内閣府主催の第3回日本オープンイノベーション大賞で内閣総理大臣賞を受賞。現在は、プライベートエクイティ・ファンドの運営会社D Capitalの取締役として日本企業のデジタル化を推進している。

外資系データサイエンティストの知的生産術
どこへ行っても通用する人になる超基本50

2023年12月26日発行

著　者――山本康正／松谷　恵
発行者――田北浩章
発行所――東洋経済新報社
〒103-8345　東京都中央区日本橋本石町1-2-1
電話＝東洋経済コールセンター　03(6386)1040
https://toyokeizai.net/

装　丁………山之口正和（OKIKATA）
D T P………玉造能之（次葉）
印　刷………港北メディアサービス
製　本………積信堂
編集協力……阿部花恵
編集担当……水野一誠
　ISBN 978-4-492-55829-4